Kiss My ...
A DICTIONARY OF
ENGLISH–IRISH
SLANG

G. BANNISTER

About the Author

Garry Bannister (1953–) travelled to Russia at the end of the 1970s where he helped to establish the first department of Modern Irish at Moscow State University. He has devoted many years to studying the writings of Tomás Ó Criomhthain, the literary works of Pádraic Ó Conaire and to the development of modern Irish literature in the first half of the 20th century. Amongst his many publications he has to his name a number of popular dictionaries, most recently the first mini-thesaurus for Irish speakers Teasáras *Gearr Gailge Béarla* and the now very popular Irish learner's dictionary *Foclóir Foghlaimeara*.

KISS MY ...
A DICTIONARY OF
ENGLISH-IRISH SLANG

G. BANNISTER

**NEW
ISLAND**

KISS MY ...
A DICTIONARY OF ENGLISH-IRISH SLANG
First published 1999 by ForSai Publications
This edition 2008
by New Island
2 Brookside
Dundrum Road
Dublin 14

www.newisland.ie

ISBN 978-1-84840-014-6

Cover design by Inka Hagen
Typeset by TypeIT, Dublin
Printed in the UK by CPI Mackays, Chatham ME5 8TD

10 9 8 7 6 5 4 3 2 1

Contents

Foreword

There is a long history of Irish dictionaries trying to capture the essential features of our native language. People travelling on the road from Dublin to Cork, or the other way around, used to spy the Rock of Cashel standing majestically on its own overlooking the boring flat fields of Tipperary. It is, and was, a tourist attraction where buses stop on their way to the next restaurant. Mutters are made about the Kings of Munster and other romantic guff, but it is probably never explained that it was in this high rock that the first dictionary of Irish was compiled over a thousand years ago under the tutelage of Cormac Ó Cuileannáin, certainly King of Munster. In it he tries to explain the difficult and new words that an ordinary Irish speaker might not be familiar with, as the main purpose of dictionaries was to deal with the unusual rather than the common. Thus we have a technical term like *maighnéad*, or English 'magnet', which less intelligent people aver is a 'made-up' recent word; although it is in Irish for well over a thousand years.

But the history of dictionaries is that they involve both 'made-up' words and words that have come into common usage. Every dictionary is a resource and an invention; a catalogue and a composition. Every dictionary wrestles with the past, the present and the future of a language. So while Patrick S. Dinneen's great dictionary of Irish (1904, 1927) is a thesaurus of the living language, and Tomás de Bhaldraithe's English–Irish standard work of 1959 attempts to introduce correct terminology for common words current in English, there is always the danger that big authoritative dictionaries will fall behind the current state of spoken or used language. Irish is no different. Irish in the Gaeltacht is changing rapidly, and a new, vibrant Irish has grown up among learners and common users. Most of Irish is in the shadow of English, and the best of speakers have English idioms ringing in their ears.

This work is a wonderful attempt to try to bridge the gap between what common demotic English says and what common demotic Irish says, should say, might say, can say or will say. Because this dictionary is both descriptive and inventive. Garry Bannister has a sharp ear that makes you wonder where he spends most of his time. There is English here that is contemporary and cutting, and he does not shirk away from some of the more risqué, bawdy or crude street and back-lane turns of phrase which many people will find more expressive in Irish. There are words and phrases here that you will not find in a conventional dictionary: 'nerdy', 'into' (as in 'into jazz' etc.), 'well-hung', 'smashed', 'cobblers', 'muggins', 'bullshit', 'poxy', 'turn-on', 'effing and blinding', 'snog', 'bad egg', 'freak out', 'puff', 'drop-dead gorgeous', 'slime-ball'...This is slang: language with its sleeves rolled up and mucking about in the mire. The examples given are culled from contemporary spoken Irish, from literature, from listening to colleagues, and are leavened with invention, creativity and fun. A good dictionary is not just something you look up, or poke about in; it is something you read for pleasure. This is one of those.

Alan Titley

Preface

In the spring of 1999, having finished this small and modest dictionary, I approached practically every publisher I could think of. All to no avail. At each attempt I merely received a Dear-John letter. However, some at least had the honesty to admit that they were afraid to publish for fear of losing a government grant or generally offending the Gaelic readership. I was, quite honestly, gobsmacked to discover that even now, at the beginning of the 21st century, there could still be so solid an opposition to such a small lexicographic publication. The persistent refusal to publish meant only one thing – this book had to be published. So here it is at long last, for the first time brought into the full light of day.

There is no such thing as *bad language*; language may be offensive or displeasing to the listener, but this has nothing to do with preserving or examining it. Slang is *raw speech* and it comes from the essence of what makes us who we are. Whether some activity or expression of any particular activity is either acceptable or not is simply relative to the social mores of each and every era. A TV series like *Father Ted* would have been simply unthinkable in the 1930s and Oscar Wilde would not have been criminalised had he been born in 1954 instead of a hundred years earlier. Shifting attitudes are reflected within the language itself and these changes, in turn, are often colourfully manifested in idiom, common parlance and slang.

Let me give a couple of examples. The word 'spondulicks' comes from the Gaelic **sponc** *(sperm)* and **diúlach** *(guy, bloke)*; hence in Gaelic slang we have the word **spondúlaigh** which means *money*. Maybe because a bloke has to *'spill his guts'* to get it?

Another expression: **Téimis faoi cheatha!** *(Let's go under the shower!)* comes from an old tale of three wise druids who, on hearing that a rain was about to fall upon Ireland which would make anyone it touched go insane, tried to warn everyone, but no one would listen. The druids, however, went and hid in a cave. When the rain eventually did come, and everyone had gone mad, the three wise druids realised that afterwards, when the rain stopped, all the mad people of Ireland would consider that they, 'the sane druids' were, in fact, the real mad people. So they said to each other: 'Téimis faoin cheatha!' *'Let's go out under the shower!'*, i.e. Let's be or do like everyone else!

We cannot deny the roots of our language. If we deny the existence of our slang then we deny who we are and what we are.

Therefore this little book hopes to provide you with some Gaelic equivalents of the most commonly used English slang and idiom. Part of the Gaelic slang which has been represented in this dictionary dates back to the Irish spoken at the beginning of the twentieth century, or even earlier, such as: **Tá seacht sraith ar an iomaire agam.** *(I'm up to my ears in work.)*; **Scaoilfead cnaipe.** *(I'll go and spend a penny.)* Other expressions have been taken from a more modern era, such as: **Tá** sin go haerach! *(That's gay!)* or **An bhfuil tú ag íoc le plaisteach?** *(Are you paying with plastic?).*

In addition, you will find idioms like: **Thug sé póg Fhrancach di.** *(He French-kissed her.)* which also have much older equivalents in Gaelic, such as: **Thug sé fáiméad le lán a theanga di.** (literally: *He gave her a smacker of a kiss with the full of his tongue.*). Where possible, both expressions have been listed in this dictionary.

Words that have been directly stolen from English such as: *friggen, fochain,* etc. have, generally, not been included in this dictionary, because all of these words have more original forms which have been derived from actual Gaelic roots. Words and expressions which have been primarily found, or are being mainly used, in urban areas or in Dublin, have been given the tag *(BÁC)*:

(BÁC) **Cloisim go gcodlaíonn sí timpeall.**
I hear that she sleeps around.

I would like to thank all those who have helped in the collection of the material and in the compilation of the work, but who wish to remain anonymous. Also, from Dún Chaoin: Mícheál and Máire, Peigín from Árainn; and Seán, Bríd and Billy from Dún na nGall. I would particularly like to thank those who have helped with the proofreading, especially Brian and Colm. There have been many others whom I have not mentioned but who have also significantly contributed in providing both assistance and encouragement during the long research and publication of this book. Many thanks to you all!

Garry Bannister

Brollach

San Earrach 1999, agus mise ag críochnú an fhoclóra bhig seo, chuaigh mé láithreach i dteagmháil le gach foilsitheoir a bhí ar m' aithne agam. Ach obair in aisce a bhí ann. Ní bhfuair mé uathu go léir ach diúltú lách á rá nach bhféadfaidís cabhrú liom an babhta seo. Chun an fhírinne a dhéanamh is fíor gur mhínigh cuid acu go macánta go mbeadh eagla orthu go gcaillfidís deontas rialtais nó go gcuirfidís fearg nó masla ar lucht léite na Gaeilge i gcoitinne. Ní mór dom a admháil, áfach, gur bheag nár baineadh as mo sheasamh mé ar chloisteáil dom na leithscéalta seo agus nár chreid mé faoin am sin go bhféadfaí go fóill, san aonú haois fichead, cur in aghaidh foilseachán foclóireachta den saghas seo bheith chomh teann sin. Ach ba é an diúltú buan a faoi deara an foilseachán seo sa deireadh thiar thall. Mar sin, seo chugaibh anois é – an rud a bhí faoi cheilt - tá sé tugtha amach i lár an lae ghil agus más mall is mithid é!

Drochchaint – níl a leithéid ann! Is féidir le teanga bheith maslach nó náireach don té a éisteann léi ach níl ansin ach frithchaitheamh ar an duine agus an aois lena mbaineann an duine sin, ní ar an teanga féin. Níl san fhoclóir seo ach *caint lom* na ndaoine agus mar sin is í eisint na teanga í ina múnlaítear an duine go díreach mar atá i ndáiríre. Ní dhéanann teanga ar bith ach cur síos ar ghníomhartha, eachtraí, thuairimí agus mhothúcháin an duine. Is é meon na haoise ina maireann an cainteoir a cháilíonn agus a thugann a lipéad moráltachta féin don teanga sin. Ní fhéadfaí fiú sraith teilifíse mar *Father Ted* a shamhlú sna tríochaidí agus dá mbéarfaí Oscar Wilde i 1954 agus ní céad bliain roimhe sin, is cinnte nach gcuirfí an dlí coiriúil air mar a rinneadh dó san naoú haois déag. Feictear na hathruithe a tharlaíonn sa saol laistigh den teanga féin mar a labhraítear í agus de réir a chéile breathnaítear na hathruithe céanna go breá álainn cumasach in úsáid laethúil ghnáthchaint na ndaoine. Ní féidir linn fréamhacha saibhre ár n-urlabhra a shéanadh. As na fréamhacha a bhfásann an litríocht is fearr atá againne. Má dhiúltaímid don teanga bheo tugaimid leis sin diúltú dúinn féin agus dá bhfuil ionainn mar dhaoine.

Tugaim, mar sin, cúpla eiseamláir de na fréamhacha stairiúla sa Ghaeilge as a n-eascraíonn an teanga shaibhir bheo. An focal ' spondulicks' sa Bhéarla, mar shampla, a thagann ó na haonaid fhoclóra sa Ghaeilge: **sponc** *(síol fir)* agus **diúlach** *(buachaill, leaid)*. Is as comhghreamú na bhfocal sin a dtagann: **spondúlaigh** a chiallaíonn *airgead* i gcaint reatha na ndaoine inniu. B' fhéidir mar go mbíonn ar fhear *obair go crua* chun aon cheann den dá rud sin a sholáthar.

Abairt eile: **Téimis faoin cheatha!** *(Lig dúinn dul faoin bháisteach!)* a thagann ó sheanscéal béaloidis de thriúr draoithe a chuala go mbeadh sé ag cur fearthainne draíochta ar fud na hÉireann agus aon duine ar a dtitfeadh an fhearthainn sin, d'éireodh sé ina ghealt. Faraor, is amhlaidh nár chreid aon duine eile iad. Mar sin féin, téann na daoithe gaoiseacha i bhfolach i bpluais mar dhídean ón bháisteach ach nuair a thagann an fhearthainne agus nuair a thuigeann siad go bhfuil gach duine eile ach iad féin ag dul as a meabhair de dheasca na fearthainne céanna, tuigtear go soiléir dóibh go gceapfaidh lucht buile *(i. Muintir na hÉireann uile)* gurb iadsan, na draoithe ciallmhara, atá ina ngealta tar éis imeacht na doininne, mar sin deir siad lena chéile: ' **Téimis faoin cheatha!'** *'Lig dúinn dul amach faoin bháisteach!'* i. 'Déanaimis mar chách!'

Bíonn a lán struchtúr agus foirmeacha cainte ann a mbíonn dlúthbhaint acu le caint nádúrtha na ndaoine, nathanna a bhíonn neadaithe go domhain i gcomhráiteachas na teanga mar a labhraítear agus a labhraítí í. *Téimis anois faoi cheatha na míle nua* mar sin, gan eagla orainne roimh aon fhocal ar bith agus gan buile róchúisiúlachta na haoise seo caite.

Soláthraíonn an leabhar beag seo caint choitianta an Bhéarla laethúil lena macasamhla sa Ghaeilge. Eascraíonn cuid de na nathanna cainte ó thús na fichiú haoise agus uaireanta níos moiche ná sin, amhail: **Tá seacht sraith ar an iomaire agam** *(Táim an-ghnóthach ar fad.)*, **Scaoilfead cnaipe** *(Caithfidh mé dul go dtí an leithreas chun múnadh.)*, agus tugtar nathanna eile ó aimsir a bheadh pas beag níos giorra dár ré féin: **Tá sin go haerach!** *(Tá sin go náireach!)* nó: **An bhfuilir ag íoc le plaisteach?** *(An bhfuil tú ag íoc le cárta creidmheasa?)*.

Tugtar freisin leaganacha cainte cosúil le: **Thug sé póg Fhrancach di.** *(Phóg sé í lena theanga.)* a bhfuil a macasamhla dúchasacha féin acu sa Ghaeilge amhail: **Thug sé fáiméad le lán a theanga di.** *(go litriúil: Thug sé póg mhór lena theanga di.)* Aon áit ar féidir tugtar eiseamláirí den dá shaghas san fhoclóir seo.

Ní chuimsíonn stór an fhoclóra seo, focail mar *friggin', fochain,* srl. mar faightear a machasamhla cuí i bhfocail dhúchasacha na teanga féin. Tugtar an lipéad *(BÁC)* in aice le haon fhocal nó habairt a thagann ó limistéar Bhaile Átha Cliath nó a úsáidtear go príomha sna cathracha:

(BÁC) **Cloisim go gcodlaíonn sí timpeall.**
(I hear that she sleeps around.)

Ba mhaith liom mo bhuíochas a ghabháil lena lán daoine a chuidigh go mór liom i mbailiú an ábhair don leabhar seo ach a d' iarr ormsa gan a n-ainm a lua anseo. Táim anbhuíoch de mo chairde i nDún Chaoin; de Mhícheál, Mháire, and Pheigín; in Árainn, agus i nDún na nGall: de Sheán, Bhríd and Bhilly. Ba mhaith liom buíochas faoi leith a ghabháil le lucht seiceála phrofaí an leabhair: le Brian and Colm go háirithe. Tá a lán daoine eile nár luaigh mé anseo ach daoine iad a thug ardchúnamh agus spreagadh domsa i gcur le chéile agus i bhfoilsiú an fhoclóra seo. Mílte de mhaithe chugaibh go léir!

Gearóid Mac an Bhainisteora

A

A
Everything is A-OK.
Tá gach mar is cóir.

ado
without further ado
gan a thuilleadh moille

aghast
I was aghast.
Cuireadh alltacht orm.

agog
He was all agog.
Cuireadh ar fuaidreamh ar fad é.

all
I was working all out.
Bhí mé ag obair ar theann mo dhíchill.
She's one of the all-time greats.
Is bainne bhó na gcluas óirí.

all-rounder
She's a good all-rounder.
Bíonn lámh aici ar gach uile shórt.

altar-boy
He's no altar-boy.
Ní ó chomhluadar na naomh é.

Ní aingeal ar bith é.

ape 1
He'll go ape when he hears.
Imeoidh sé leis na craobhacha nuair a chloisfidh sé.

ape 2
He apes the English.
Déanann sé Seáinín Sasanach de féin.

apple
She's the apple of her father's eye.
Is í úillín óir a hathar í.
The Big Apple
An tÚll Mór

arse 1
He needs a good kick up the arse.
Cic maith sa tóin atá de dhíth air!
Kiss my arse!
Póg mo thóin!
He thinks the sun shines out of her arse.
Creideann sé gurb as a tóin a dtagann an ghrian.
He doesn't know his arse from his elbow.
Níl tóin ná ceann tóna ar eolas aige faoi aon rud.

You have everything
arse-ways!
Bíonn gach rud tóin
tuathail amuigh agat!

arse 2
Stop arsing about!
Cuir uait an tóineacáil!

arsehole
He's a real arsehole!
Is cúl tóna ceart é!

arse-kisser
I hate arse-kissers.
Is fuath liom maidríní
lathaí.

arse-licking
lí tóna

arty-farty
They're very arty-
farty.
Is iad aos dána le
boghanna bána dar
leo féin.

ass
It's my ass that's on
the line!
Is í mo thóin-se atá le
gaoth anseo!
Move your ass!
Bog do thóin!
I worked my ass off
for you!
Rinne mé obair na
gcapall duit!

ass-wipe
You're only an ass-
wipe!
Níl ionat ach ceirt
tóna!

at
This is where it's at.
Seo an áit ina mbíonn
an saol ar fiuchadh.

attitude
She's a girl with
attitude.
Is cailín le carachtar í.
He has a real attitude
problem.
Bíonn fadhbanna
móra carachtair aige.

au fait
Are you au fait with
the situation?
An bhfuil tusa eolach
ar chúrsaí an cháis?

away
He was well away
after the fourth pint.
Bhí sé bealaithe go
maith tar éis an
cheathrú pionta.
She's well away the
best in her class.
Níl éinne eile ina rang
a choinneodh
coinneal di.

B

babe
   She's a real babe!
   Is ainnir den scoth í!
babble
   **What's she babbling
   on about?**
   Cad faoi a bhfuil sí
   ag bleadracht?
backhander breab
   He gets backhanders.
   Bítear ag cur airgid i
   gcúl doirn dó.
bad
   He's bad news!
   Ní drochscéal go dtí
   é!
bad-mouth
   **You're always bad-
   mouthing him.**
   Bíonn tú de shíor ag
   dubhú a ainm air!
bag
   She's a real old bag!
   Is seanchailleach
   cheart í!
ballistic
   **He went ballistic
   when he found out.**
   Chuaigh sé as a
   chrann cumhachta
   nuair a fuair sé

amach.
   **She'll go ballistic
   when she hears.**
   Rachaidh sí thar
   bharr a céille nuair a
   chloisfidh sí.
balls magairlí, na fir
   bheaga
   He's has no balls!
   Tá sé gan mhagairlí
   ar bith!
   **I wouldn't have the
   balls to do it.**
   Ní bheadh na fir
   bheaga ag an gheata
   agam lena dhéanamh.
   **You made a right
   balls of it.**
   Rinne tú magairlí
   cránach de.
   It was a balls-up.
   Rinneadh magairlí
   cránach de.
baloney
   **That's a load of
   baloney!**
   Níl sa mhéad sin ach
   breallántacht!
bananas
   He went bananas.
   Chuaigh sé ar mire
   báiní.

bang
bang on time
díreach in am
bang up-to-date technology
an focal deiridh sa teicneolaíocht
Bang goes the trip to London!
Slán leat, a thurais go Londain!

banger gliogramán
She has an old banger of a car.
Tá seanghiogramán de charr aici.

banjaxed
Everything is banjaxed.
Tá gach uile shórt in ainriocht.

banshee bean sí

barking
He's barking mad.
Tá sé chomh mear le míol Márta.
You're barking up the wrong tree.
Tá an diallait ar an gcapall contráilte agat!

barmy
It's a completely

barmy idea!
Is seachmallach ar fad é mar smaoineamh!

bash
I'll have a bash.
Bainfidh mé triail as.

basket bastún
He's a dirty basket!
Is suarachán salach é!
He's a basket-case!
Tá sé réidh don ghealtlann.

bastard bastard
He's a fucking bastard!
Is bastard feisithe é!
You cunt-faced bastard!
A bhastaird bhreallghnúisigh!
Lucky bastard!
Bastard an áidh!
Some bastard of a teacher put me in detention.
Chuir bastard éigin de mhúinteoir sa choimeád mé.
That bastard of brother of yours that stole my bike!
An bastard is

deartháir duit a ghoid
an rothar orm!
It's a bastard of a job!
Is bastard é mar
obair!

bastardly
**It was a bastardly
thing to do that!**
Ba é an
bhastardaíocht a
leithéid a dhéanamh!

bat
silly old bat
seanchailleach
shaonta
**He did it off his own
bat.**
Rinne sé ar a chonlán
féin é!

battleaxe
**She was a dreadful
old battleaxe.**
B'uafásach an
bháirseach í.

batty
He's simply batty.
Níl splaid aige.
**She's batty about
him.**
Tá sí splanctha ina
dhiaidh.

bean
I haven't a bean!

Níl sciúrtóg (rua)
agam!
to spill the beans
an scéal a sceitheadh

beat
Beat it!
Gread leat!

beaut
**Your black eye's a
real beaut!**
Nach breá an tsúil
dhubh atá ort!

beauty
**That's the beauty of
it!**
Sin an chuid is áille
den scéal é!
You're a real beaut!
M'anam nach deas an
turcaí thú!

begorra! Ambaiste!

begrudgers
Feck the begrudgers!
Mallacht Dé ar lucht
an doichill!

bejaypers! In ainm Mhic
Dé!

bell
Give me a bell!
Tabhair glao
(teileafóin) orm!

bellyache
**He's always
bellyaching.**

Bíonn sé i gcónaí ag
éagaoin mar bhean ag
breith clainne!

**Quit your
bellyaching!**

Cuir uait an t-ochlán
síoraí!

bellyful

**I have had a bellyful
of it.**

Tá mo sheacht
ndóthain agam de!

belt

Belt up!

Cuir uait an
phleidhcíocht!; Dún
do ghob!

**She was belting along
at a fair old pace.**

Bhí sí ag scinneadh
chun cinn ar luas
lasrach.

bend

He's round the bend.

Tá sé tógtha san
inchinn.

**She went round the
bend.**

D'imigh sí le gaoth na
gcnoc.

**He drove her round
the bend.**

D'ardaigh sé an
intinn uirthi.

bender

to go on a bender

dul ar ragairne

bent *(homosexual)*

cromtha

**He's as bent as a
corkscrew!**

(homosexual)! Tá sé
chomh cromtha le
cúlchos madaidh!

Get bent!

Tarraing tú féin!

berk

He's a right berk!

Is cloigneachán
críochnaithe é!

bet

You bet!

Agus ná bí in amhras
faoi sin!

**She says she won't do
it again. I bet!**

Deir sí nach
ndéanfaidh sí arís é.
Agus creidim é sin!

Bible-thumping

bualachán-Bíobla

big

**into gambling big
time**

i mbun cearrbhachais

i slí mhór
It's no big deal!
Is beag mar scéal é!
Big deal! Nach cuma!
He likes talking big.
Is breá leis an focal
mór.

bimbo
She's a real bimbo!
Níl inti ach óinseach
bhaoth!

binge
**He went on the
binge.**
Chuaigh sé ar an
gcaor.

bird *(girl)* éan, éinín

bit
**He has a bit on the
side.**
Ar uaire téann sé ar
strae leis na mná.

bitch bitseach
**Isn't she the fucking
bitch!**
Nach í an bhitseach
fheisithe í!
**His wife was a real
bitch.**
Bitseach cheart a bhí
ina bhean.
**Life is a bitch and
then you die.**
Saol salach is an bás
ar a shála!

bitching ag bitseáil
Stop bitching!
Cuir uait an
bhitseáil!

bitchy
**It was a utterly bitchy
thing to do!**
Bitseach
chríochnaithe a
dhéanfadh a
leithéid!
**She can be very
bitchy when she
wants to be.**
Is féidir léi bheith ina
bitseach cheart nuair
a bhuaileann an
taom í.

biz
It's the biz!
Déanfaidh sin an
gnó!

blab plobaireacht,
buimbiléireacht
**He blabbed the whole
thing.**
Sceith sé an scéal go
léir lena chuid
buimbiléireachta.

blab(ber) plobaire,
buimbiléir

What are you
blabb(er)ing on about
now?
Cad faoi a bhfuil tú
ag plobaireacht
anois?

blabbermouth
béalastán
You're a big
blabbermouth!
Is béalastán mór thú!

black sheep coilíneach
I was the black sheep
of the familly.
Coilíneach na clainne
a bhí ionamsa.

blanks
He fires blanks
(to be sterile) Tá bod
balbh faoi.

Blarney blairnis
He has the gift of the
Blarney!
Tá bua na blairnise
aige siúd!
You kissed the
Blarney!
Thug tusa póg do
chloch na Blarna!

blasted mallaithe
This blasted pen
won't write!

Ní scríobhann an
peann mallaithe seo!

blather
He's always
blathering on!
Bíonn sé de shíor ag
bladaracht!

blazes
Go to blazes!
Téigh go hIfreann!
What the blazes are
you up to?
Cad sa tubaiste atá ar
siúl agat?

bleeder cuilceach
He's a funny little
bleeder!
Is ait an cuilceach é!
You lucky bleeder!
Nach ort atá an t-
ádh!

bleedin' *(see: bleeding)*
bleeding
You bleeding idiot!
Nach tusa an
t-amadán damanta!
I don't bleeding care!
Is cuma sa diabhal
liom!

blether *(see: blathar)*
blimey! Dar le fia!
blink as gléas

The TV is on the blink.
Tá an teilfíseán as gléas.

blinkin' *(see: blinking)*

blinking
The blinking thing won't work.
Ní oibríonn an rud mallaithe.

blither
What are you blithering on about?
Cad faoi a bhfuil tusa ag blaoiscéireacht anois?

bloke diúlach
Nice bloke!
Diúlach deas!

bloody fuilteach
He's a bloody tyrant!
Is tíoránach fuilteach é!
It's bloody hot.
Tá sé damanta te!
Don't make a bloody fool of yourself!
Ná déan breallaire baoth díot féin!
It's no bloody use me trying to fix it.
Tá sé go fuilteach fuar agamsa bheith

ag iarraidh é a chur ina cheart.
He's a bloody liar.
Is bréagadóir bascaithe é!

bloomin' *(see: blooming)*

blooming
I've lost my blooming book.
Tá mo leabhar mallaithe caillte agam.
He's blooming useless!
Ní fiú cnaipe gan chois é!

blotto gan cos faoi
He was absolutely blotto.
Bhí sé gan cos ar bith faoi.

blow
to blow a fuse
pléascadh
It blew my mind.
Chuir sé mo chiall ar mo mhuin dom.
to blow someone away
duine a shéideadh as an phictiúr
to blow the whistle on him

9

an scéal a sceitheadh
air
**We could have won
but we blew it.**
D'fhéadfaimis bua a
fháil ach ligeamar
uainn é.

blower
to get on the blower
labhairt ar an
ghuthán

blow-job
**to give a person a
blow-job**
bod duine a dhiúl
**She gave him a blow-
job.**
Dhiúl sí a bhod dó.

blues
**She got a fit of the
blues.**
Tháinig tallann
ghruama uirthi.

bluff
I called his bluff.
Thug mé air cur lena
chuid cainte.
You're only bluffing!
Níl tú ach ag cur i
gcéill.

blurt
**Someone blurted it
out.**

Spalp duine éigin
amach é.

Bob
**You just wave a
magic wand and
Bob's your uncle.**
Croitheann tú slat
draíochta agus agus
tá an beart déanta
agat.

bockety bacach
bockety old chair
seanchathaoir
bhacach
bockety house
creatlach tí

bod boc *(plural: boic)*
He's a strange bod!
Is aisteach an mac é!

bog(s) teach an asail
bog-roll
páipéar tóna
**I have to go to the
bogs.**
Caithfidh mé dul go
dtí teach an asail.

bollock
**He was bollock
naked.**
Bhí sé tóin-nochta
*(agus a bhod ar
luascadh faoi)*.

bollocks magairlí, bosán

He's a complete
bollocks!
Cochall de mhagairlí
asail é!
It was a load of
bollocks!
Carn mór cacamais a
bhí ann.
Bollocks to that!
B'fhearr liom
coilleadh na magairlí
ná sin!
Bollocks to him!
Go gcoille na
magairlí air!
Spocaí trína
mhargairlí!

bollocks up
He bollocksed up the
whole show!
Rinne sé magairlí
asail den seó iomlán.

bolshie
He's getting very
bolshie with everyone
of late.
Déanann sé
buannaíocht le cách
le déanaí.

bomb 1
The party is going
like a bomb.
Tá an chóisir ag dul

go bladhmannach.
bomb 2
He was just bombing
along in the car.
Bhí sé ag dul ar luas
mire sa charr.

bone
I have a bone to pick
with you.
Tá gréasán le réiteach
agam leat.
bone of contention
cnámh spairne
He made no bones
about about it.
Ní raibh drogall ar
bith air faoi.
He won't make old
bones.
Níl beatha fhada i
ndán dósan.

boner bod ina sheasamh
to have a boner
bheith go hadharcach

bonk buail craiceann
They were bonking.
Bhí siad ag bualadh
craicinn lena chéile.
bonking mad
ar dheargbhuile

bonkers
He's bonkers.
Tá boc mearaí air.,

Tá sliabhrán air.

boo-boo
to make a boo-boo
tuaiplis a dhéanamh

boob 1
to make a boob
botún a dhéanamh

boob 2 *(see: boobs)*

boobs balúin, cíocha
She showed her
boobs to him.
Nocht sí a balúin dó.
woman with big
boobs balúnaí

boot
to give him the boot
an bóthar a thabhairt
dó
I got the boot.
Tugadh an bóthar
dom.
to boot them out
iad a chaitheamh
amach ar a gcluas

booze biotáille
He's on the booze
again.
Tá sé ar na cannaí
arís.
night of boozing
oíche diúgaireachta

boozer 1 *(drinker)*
pótaire

boozer 2 *(pub)* síbín
He's down at the
boozer.
Tá sé thíos sa síbín.

booze-up diúgaireacht
on a booze-up
ag diúgaireacht

bottle
to hit the bottle
dul ar na cannaí
(courage) Has he got
the bottle?
An bhfuil an sponc
ann?
(BÁC) An bhfuil sé
de bhuidéal ann é a
dhéanamh?
to show bottle
taispeáint go bhfuil
margairlí ort

bottle out
He bottled out of
telling her the truth.
Ní raibh sé de sponc
ann an fhírinne a
insint di.

bouncer preabaire
(dorais)

bowsie breoille
He's a bowsie and a
gurrier!

Is breoille agus búiste
é!

boyo buachaill báire
He's a bit of a boyo!
Tá iarracht den
bhuachaill báire ann!

box
**He gave me a box in
the ear.**
Thug sé dúdóg dom.

bragging
**He's likes bragging to
much!**
Bíonn an iomarca den
'buailim sciath' ann.

brain
She has got brains.
Tá ceann maith ar a
gualainn aici.
**He has sex on the
brain.**
Ní bhíonn aon rud
eile ina cheann ach an
gnéas.
He's brain-dead.
Dúramán dóite é!

brass
**Has he got the brass
(money)?**
An bhfuil na pingíní
aige?
**She had the brass
neck to tell him.**

Bhí sé de shotal aici é
a rá leis.

brat dailtín
He's just a brat!
Níl ann ach dailtín!

bread
**She thinks he's the
best thing since sliced
bread.**
Dar léi níl a shárú
ann faoin mbogha
bán.

break
Give me a break!
Ná bris mo chroí
leis!,
Ní leanbh ó aréir mé!

breeze
It's a breeze.
Ta sé chomh héasca
lena bhfaca tú riamh!

brewer's droop
**He had brewer's
droop.**
Bhí sé gan seasamh
crua de dheasca an
óil.,
Tá boige an óil air.

broke
Go for broke!
Bás nó beatha é!
I'm broke.
Tá mé ar phócaí
folmha.

13

brothel drúthlann
   She works in a brothel.
   Bíonn sí ag obair i ndrúthlann.

browned off
   I'm browned off with the lot of you!
   Táim tugtha tuirseach díobh go léir!

brown-nose maidrín tóna, slusaí

brown-nosing ag slusaíocht

brunt
   I bore the brunt of her anger.
   Bhí an chuid is mó dá colg dírithe ormsa.

brush 1
   She had a brush with death.
   Bhí sí ag comhrá leis an mbás.

brush 2
   I'd like to brush up my Irish.
   Ba mhaith liom an mheirg a bhaint de mo chuid Gaeilge.

bucket
   He kicked the bucket.

   Chuaigh sé ar shlí na fírinne.

budding
   He's a budding artist.
   Ealaíontóir atá ag teacht i gcrann é.

buff saineolaí
   She eventually became a real DIY buff.
   D'eirigh sí ina 'Gobán Saor' maidir le *Déan-tú-féin-é* sa deireadh thiar thall.

bug
   What's bugging you?
   Cad tá ag déanamh scime duitse?

bugger 1 feisí tóna
   I got bugger all thanks from him.
   Ní bhfuaireas a dheamhan dada de bhuíochas uaidh siúd.
   Poor bugger!
   Ainniseoir bocht!
   Silly bugger!
   An dúrnánaí!

bugger 2
   Bugger it!
   Drochré air!
   Bugger me if I know!

Droch-chré ormsa
más eol domsa é sin!
Bugger the expense!
Droch-chré ar an
chostas, ceannaímís
é!
Bugger off!
Imigh leat agus
feisigh tú féin!
buggered
**Well, I'm buggered if
I know!**
Muise, go bhfeise an
diabhal (*chun báis*)
mé má tá a fhios
agamsa!
**If I don't get this job,
we're all buggered.**
Mura bhfaighim an
jab seo beimid uile i
gceartlár an chírín
cacamais.
bullshit 1
**That's a load of
bullshit!**
Níl ansin ach
cacamas ceart!
bullshit 2
Don't bullshit me!
Ná bí ag iarraidh
cluain an chacamais a
chur orm!
to bullshit him

scéal an chacamais
bhuí a thabhairt dó
bum 1 (*backside*) geadán
sitting on his bum
ina shuí ar a gheadán
bum bag
mála tóna
bum fluff
féasóg thanaí stócaigh
He's a bum.
Is slúiste é.
He's a lazy bum.
Is fánaí falsa é.
bum 2
**to be bumming
around**
bheith ag fánaíocht
thart
bummer
What a bummer!
A leithéid de bhuille
fill!
bump off
**They bumped him
off.**
Chuir siad cos i bpoll
leis.
bun
**She has a bun in the
oven.**
Tá féirín beag faoi
cheilt/ faoin philirín
aici.

bunch
(ironically) **Thanks a bunch!**
Nach deas an gar anois a rinne tu domsa!

bundle
to make a bundle
carn mór airgid a dhéanamh
It costs a bundle.
Caithfear mám mór airgid a bheith agat lena cheannach.

bung
to bung up the system
an córas a chalcadh suas
Bung it in the fire!
Cart isteach sa tine é!

bunk
He did a bunk.
Chaolaigh sé leis.

bush
Stop beating around the bush!
Ná bí ag baint boghaisíní ar an cheist!

business
Does he do the business?
An ndéanann sé an gnó?

What business had you telling her?
Cén gnó duitse bheith ag insint di!
She was working away like nobody's business.
Bhí sí ag obair go dian diail.
It's the business!
Sin é go díreach an rud atá uainn!

busker sráidéigeas
I'm a busker.
Is sráidéigeas mé.

busking sráidéigse
to be out busking
bheith amuigh i mbun sráidéigse

bust
He got busted.
Gabhadh é.
to bust a gut
do sheacht ndícheall a dhéanamh

busybody
She's an awful busybody!
Is uafásach an socadán í!

butch
She's very butch.

Is Muireann fireann i
mbríste í.

butt 1
 Move your butt!
 Bog do chúl!
butt 2
 Butt out!
 Sciob do shrón fhada
 as seo!
butthead creitín, ceann
 cipín
button
 Button it!
 Druid/Dún é!
buxom
 buxom lass
 sodóg
buzz
 Give us a buzz!
 Cuir scairt orm!
 **I get a real buzz out
 of it.**
 Tugann sé ardú croí
 agus anama dom.
 Buzz off!
 Tóg ort!
by-your-leave
 **without as much as
 by-your-leave**
 gan chead ná
 chomhairle

C

cack
 Don't talk cack!
 Ná bí ag caint
 cacamais!
 **That book's a load of
 cack.**
 Is cacamas ceart an
 leabhar sin.
cahoots
 **to be in cahoots with
 him**
 bheith rúnpháirteach
 leis
cakehole
 Shut your cakehole!
 Dún poll do bhéil!
call-girl cailín gleoite,
 bean leapa
can
 It's in the can.
 Tá sé curtha i gcrích.
 to carry the can
 bheith fágtha tóin le
 gaoth
cancer stick cipín ailse
carpet
 He is on the carpet.
 Tá sé ar a chuntas
 **to give them the red-
 carpet treatment**
 an cairpéad dearg a

rolladh amach rompu

case

**He's always on my
case.**

Bíonn sé i gcónaí
anuas orm.

Get off my case!

Lig domsa!

cash

**to cash in on
something**

teacht i dtír ar rud

cat

**to look like
something the cat
dragged in**

cosúil le rud gur
tharraing an cat
isteach

**to let the cat out of
the bag**

an rún a sceitheadh

catty binbeach

chance

**Would you do it? No
chance!**

An ndéanfása é? Baol
orm!

**Fat chance of that
happening.**

Caolseans go
dtarlódh a leithéid.

chancer

**He's an absolute
chancer.**

Is seansálaí go smior
é!

charlie

**I feel a right charlie, I
can tell you!**

Nach mé an gamal
ceart agus mise á rá
leat é!

chat up

to chat up a girl

bladar a dhéanamh le
cailín

chat-up line bladar súirí

**He has some great
chat-up lines.**

Bíonn an bladar ar
bharr a theanga aige
agus é ag caint leis na
cailíní.

chatter cadráil

chitter-chatter

futa fata

cheapskate

**He's a real
cheapskate.**

Déanann sé gach rud
ar an bpingin is
saoire.

check out

Check it out!

Féach leis sin!

cheers!
(a. thanks) Nár laga
Dia do lámh!
(b. Ciao!) Mora thú!
(c. Sláinte!) Go
mairimid beo!

cheese
Hard cheese!
Beidh lá eile ag an
bPaorach!
He's a big cheese.
Is boc mór é.

cheesed off
**I'm cheesed off with
it.**
Táim ciaptha cráite
leis.

cheesy
It was a bit cheesy.
Bhí sé pas beag go
leamh.

cherry
cherry picking
ag piocadh na sméara
is aibí duit fhéin/an
chuid is fearr duit
féin
She lost her cherry.
Maighdean gan bláth
í anois.

chick bodóg, cliobóg,
báb
to pull a chick

sciorta a tharraingt
chicken
You're chicken!
Is sicín thú!

chicken out
**He chickened out at
the last moment!**
Loic sé mar
chladhaire ag an
nóiméad deireanach.

chickenfeed
**That's just
chickenfeed.**
Níl ansin ach pinginí!

chill
Take a chill pill!
Lig fútsa!

chill out
Chill out!
Tóg go bog é!
**It would do no harm
if she'd chill out a bit.**
Ní dhéanfadh sé
dochar ar bith dá
ligfeadh sí uaithi
beagáinín.

chinless
chinless wonder
maolsmigeach
méileach

chin-wag dreas
cabaireachta
We had a good old

chin-wag.
Rinneamar dreas
maith cabaireachta
lena chéile.

chip
**He's a chip off the
old block.**
Is slis den seanmhaide
é siúd.
**when the chips are
down**
ar uair na práinne

chip in
Everyone chipped in.
Rinne gach duine a
chion féin.

chisler *(child)* bunóc
the chislers
na bunóca
How are the chislers?
Conas tá do chúram/
do chuid bunóc?

chock-a-block lán go
drad
**The roads are chock-
a-block with traffic.**
Tá na bóithre
plúchta/ag cur thar
maoil le trácht.

chop 1
He got the chop.
Tugadh an doras dó.

chop 2
**She's always
chopping and
changing.**
Ní bhíonn aon
bhuanseasmhacht inti
suíd.

chuck
He chucked it in.
Chaith sé a lámh
isteach.
He was chucked out.
Tugadh an tsráid
amach dó.

chucking-out-time
am scoir

chuffed
**I was chuffed with
myself.**
Bhí mé chomh postúil
le cat siopa.

chug
**I'm just chugging
along.**
Níl mé ach ag
séideogacht ar
aghaidh.

city-slicker
city-slickers
gaigíní na cathrach

clap
**He got a dose of the
clap.**
Bhuail an bholgach é.

clapped-out
He only owns a
clapped-out car.
Níl ach ainm de charr
aige.

clappers
He ran like the
clappers.
Rith sé ar luas
lasrach/go
maolchluasach.

class
It was a class act.
Ba bheart den chéad
scoth é.

classic
It was classic!
Chaithfeá é a
fheiceáil!

classy
She's a classy chick.
Is cliobóg ghalánta í.

clean 1
to be clean *(drugs)*
éirithe as na drugaí
He is clean.
Thug sé suas an t-ól.

clean 2
They cleaned me out.
Shaill siad mé.
They cleaned up.
Rinne siad mám mór
airgid as.

clear off scuaib leat!

clever boots/dick
She thinks she's a real
clever boots.
Is foinse an uile eolais
í dar léi féin!

clink
He's in the clink.
Tá sé sactha i
gcarcair.

clit *(see.* **clitoris***)*

clitoris brillín

clobber 1
to clobber someone
from behind duine
éigin a leadradh ar
chúl a chinn

clobber 2 *(clothes)*
brangóidí

clod-hopper clabhta

close
It was a close thing
for us.
Is ar éigean a d'eirigh
linn teacht slán.

clot
You're such a clot!
Nach tusa an ceann
cipíní!

cloud-cuckoo-land
He lives in cloud-
cuckoo-land.
Níl aon pheaca air.

clout
  to give him a clout
  cíonán a thabhairt dó
club 1
  (pregnant) **She's in
  the club.**
  Tá sí i gcumann na
  mban.
  Join the club!
  Tá tú ag caint le do
  dheartháir/le do
  dheirfiúr!
club 2
  **We were out
  clubbing.**
  Bhí muid amuigh ag
  clubáil.
clueless
  He's clueless!
  Ní bhíonn cliú dá
  laghad aige.
cobblers
  **That's a load of
  cobblers!**
  Níl sa mhéad sin ach
  breallaireacht!
cock beaignit, slat, táirne
  tiarpa
  It was a big cock-up.
  Ba mhór an
  mheancóg é!
cock-sucker
  (man) fear crúite síl;

tónach táir
(woman) cailín
bleánaí, bliteoir
codger
  silly old codger
  seanscódaí saonta
codology
  **I have no time for
  that kind of
  codology!**
  Níl aon am agam dá
  leithéid d'ealaín.
codswallop
  **It's a load of
  codswallop.**
  Is breallántacht
  amach is amach é!
coke cóc
cokehead ceann cóc
cold turkey turcaí fuar
  to be on cold turkey
  bheith ar an turcaí
  fuar
come 1 sponc
come 2
  to come
  scaoileadh
  **I can't wait, I'm
  coming!**
  Ní féidir liom fanacht
  táim ag teacht!
  He came out *(of
  homosexual).*

Tháinig sé amach.
He started coming on to her.
Thosaigh sé ag cur suime inti.
She gave him the come-on look.
Chaith sí catsúile leis.

come-all-ye(h)
seisiún ceoil agus rince
We had a great come-all-yeh last night.
Bhí seisiún ceoil, an-chraic agus rince againn aréir.

con 1
It's a con.
Píosa caimiléireachta é.
con-job
caimiléireacht
He's a con-man.
Caimiléir é.

con 2
I was conned.
Buaileadh bob orm.

conk
As soon as my head hit the pillow, I just conked out.
Chomh luath is a bhuail mo cheann an

adhairt, bhí mé marbh don saol seo.
The engine conked out.
D'imigh an t-anam as an inneall.

cook
What's cooking?
Cad tá ar cois?

cookie
He's a tough cookie.
Is é an mac doscúch é!
That's the way the cookie crumbles.
Sin mar a bhíonn an saol.

cool
Is he cool with that?
An dtagann sé leis an mhéid sin?
That's cool!
Tá sin go seoigh!
Keep cool!
Breá réidh anois!
He's as cool as they come.
Ní féidir corraí a bhaint as.
Isn't he cool!
Nach é atá go snasta!
She kept cool.
Choinnigh sí guaim

uirthi féin.

cop 1 pílear

the cops

an teas

cop 2

He copped it.

Fuair sé ó thalamh é.

He eventually copped on.

Sa deireadh thiar thall nochtadh fírinne an scéil dó.

He copped out of telling her.

Ní raibh sé de sponc aige é a rá léi.

cop-out

It's a cop-out!

Is é rogha le fána é!

copper póilín

cottaging i leithreas poiblí ar lorg caidrimh ghnéasaigh

couch potato práta teilifíse

cough up

to cough up the money

sreanga do sparáin a scaoileadh

He coughed up the readies.

Chuir sé suas an t-airgead.

cow bó

She's a thieving cow!

Is bó bhradach í!

She's an ugly cow!

Is bó ghránna í!

What a silly cow!

Nach í an bhó bhómánta í!

crack 1

Let's get cracking.

Téimis i mbun na hoibre!,

Cuirimis tús leis!

He's cracking up.

Tá sé ag titim as a chéile.

crack 2 craic; crac-cóc

Let's have a crack at it!

Féachaimis leis!

It was great crack!

Ba mhór an chraic é!

How's the crack?

Conas tá an chraic?

cracked

He's cracked.

Tá sé craiceáilte.

crackers

She's crackers.

Tá sí craiceáilte.

crack-pot
   Some crack-pot did
   it.
   Rinne duine
   craiceáilte é.
cram
   to cram for an exam
   pulcadh faoi
   chomhair scrúdaithe
   I crammed for the
   Irish exam.
   Rinne mé mo cheann
   a phulcadh don
   scrúdú Gaeilge.
crammer pulcaire
crank cancrán
   crank call
   glao ó dhuine corr
crap cacamas
   That's a load of crap!
   Is carn aoiligh é sin!
   He's full of crap.
   Tá sé lán den
   chacamas.
   Cut the crap!
   Cuir uait an tseafóid!
   I don't need this crap!
   Ní gá dom cur suas
   leis an amaidí seo!
crappy
   It's a crappy film.
   Is scannán chúil
   spruadair é!

He's a crappy teacher.
   Is múinteoir chúl
   tóna é!
crash
   to crash a party
   teacht gan cuireadh
   chuig cóisir
   Can I crash at your
   place for tonight?
   An bhféadfainn cur
   fúm agaibhse don
   oíche anocht?
creep snámhaí
   dirty creep
   snámhaí salach
   Do you know him,
   that creep?
   An bhfuil aithne agat
   air, an snámhaí sin?
creeps
   He gives me the
   creeps.
   Cuireann sé drithlíní
   liom.
creepy
   It felt really creepy.
   Bhí drithlíní ag dul
   tríom.
cretin creitín
   What a cretin!
   A leithéid de chreitín!
croak
   He croaked it.

Smiog sé.

crock

What a crock!

A leithéid de charn
aoiligh!

cropper

He came a cropper.

Leagadh é.,
Baineadh dá dhiallait
é.

crucify

**We were crucified at
last Saturday's match.**

Baineadh an gus ar
fad asainn sa chluiche
an Satharn seo caite.

crud

**He was talking
complete crud the
whole time.**

Bhí sé ag caint as cúl
a thóna an t-am ar
fad.

cruddy

Some cruddy film

Scannán sraoilleach
de shórt éigin

crummy

crummy book

leabhar gan mhaith,
leabhar sraoilleach

crummy deal

margadh bacach

crumpet

a bit of crumpet

píosa den toirtín
gruagach

crush

**She has a crush on
her teacher.**

Tá sí splanctha i
ndiaidh a múinteora.

crust

to earn one's crust

do chuid a shaothrú

crying

For crying out loud!

In ainm Dé!

cuff 1

**to cuff him round the
ear**

cuaifeach a thabhairt
ar a chluas dó *(see
also: box)*

cuff 2

to speak off the cuff

labhairt as do
sheasamh

cum sponc

cunt aiteann, boige
(mná), breall *f*, caitín,
clais, coinín, clúmh,
díog, fionnadh
folaigh, frapa, gág,
gibhis, milseog
(mhná), póca teo,

poll, pota, portach
(draíochta), pluais,
pluaisín, púisín, riasc
(rúnda), rúinín,
scuab, scuaibín,
scuabóg, scoilt *(na
gcos)*, taise, toirtín
gruagach.
**She rubbed his knob
in her cunt.**
Chuimil sí a chab dá
clais.
Stupid cunt!
An breallán baoth!
What a fucking cunt!
A leithéid de
shuarachán feisithe!
cúpla focal *(couple of
words)*
**Do you have the
cúpla focal?**
An bhfuil cúpla focal
Gaeilge ar eolas agat?
curse
(periods) **She had the
curse during the hols.**
Bhí mallacht mhíosúil
na mban uirthi le linn
na laethanta saoire.
cut 1
**She's a cut above the
rest.**
Is céim os cionn na
coitiantachta í.

cut 2
How's she cuttin'?
Conas tá cúrsaí?

D

dabble
I dabble in painting.
Bíonn ladar agam sa
phéinteáil.
daisy
**He's pushing up the
daisies.**
Tá sé ag tabhairt an
fhéir.
damn 1
Not a damn thing!
A dheamhan dada!
I don't give a damn!
Is cuma sa diabhal
liom!
**It's not worth a
damn.**
Ní fiú mallacht é.
damn 2
Damn it!
Damnú air!
Well I'll be damned!
Bheul, m'anam don
diabhal!
**I'm damned if I
know!**

A dheamhan a bhfuil
a fhios agamsa!

damnation! Damnú air!

damnedest

I did my damnedest.
Rinne mé mo sheacht
ndícheall.

**It was the damnedest
thing!**
Ní chreidfeá ar chor
ar bith é!

dander

**to go for a wee
dander**
dreas beag
spaisteoireachta a
dhéanamh

dandy

(ironically) **That's
just dandy!**
Níl raibh ach sin ag
teastáil uainn!

**Everything is fine and
dandy!**
Tá gach rud go breá
gleoite!

darn

Darn it!
Pleoid air!

**I can't get the darn
thing to go.**
Ní féidir liom an rud

diabhalta a chur ar siúl.

dash

Dash it all!
Dar ainm na Naomh
uile!

**That's dashed decent
of you!**
Is breá deas an
mhaise duit é!

daylights

**He beat the living
daylights out of me.**
Thug sé liúdráil
loiscneach dom.,
Bhain sé na putóga
asam.

**You scared the living
daylights out of me.**
Ba bheag nár bhain
tú an croí asam leis
an scanradh.

dead

**The project is dead in
the water.**
Is tionscnamh caite i
dtraipisí é.

dead ringer
macasamhail

as dead as a door-nail
chomh marbh le hArt

He's a dead loss.
Is caillteanas glan é

He's dead from the

neck up.
Níl aon rud idir na
cluasa aige.
**I wouldn't be seen
dead in that dress!**
Ní chaithfinn an gúna
sin dá mbeinn sínte ar
chlár!
It's dead easy.
Tá sé chomh héasca
lena bhfaca tú riamh.
You're dead lucky.
Bíonn ádh an
diabhail ort!
Are you dead certain?
An bhfuil tú
lánchinnte?
dead drunk
ar stealladh meisce
I'm dead against it.
Táim glan ina
choinne.
dead-and-alive
**He's a real dead-and-
alive article.**
Is é an bás ina
sheasamh é.
dead-beat
**dead-beat gambling
joint**
teach marbhánta
cearrbhachais

deadly
The film's deadly!
Is spreacúil mar
scannán é!
death
**You'll be the death of
me!**
Cuirfidh tú den saol
mé!
You look like death.
Tá dath an bháis ort.
like death warmed up
amhail an bás ina
sheasamh
meat done to death
feoil dhóite
deck 1
Hit the deck!
Bolg le talamh!
deck 2
**He's not playing with
a full deck.**
Tá lúb ar lár in a
cheann.
dekko sracfhéachaint
Let's have a dekko!
Lig dom
sracfhéachaint air!
dense dúr
**He's as dense as they
come.**
Tá sé chomh dúr lena
bhfaca tú riamh.

depth

    I was in the depths of despair.

    Bhí mé in umar na haimléise.

    You're way out of your depth.

    Tá tú i bhfad thar do bhaint.

devil

    You lucky devil!

    Nach ámharach an diabhal thú!

    Speak of the devil!

    Tig gach aon rud lena iomrá!

    The devil take it!

    Go dtuga an diabhal leis é!

    She was working like the devil.

    Bhí sí ag obair ar nós an diabhail.

    What the devil?

    Cad sa diabhal?

    How the devil did you do it?

    Conas sa diabhal a rinne tú é?

    Devil a bit!

    Diabhal é!

dick

    He's a right dick!

    Is streilleachán ceart é!

dick-head cúl tóna

    He's an absolute dick-head.

    Is cúl tóna cruthanta é.

dig

    I really dig that music.

    Táim tugtha go hiomlán don cheol sin.

    (food) **Dig in!**

    Déan do ghoile!

digs lóistín

dipstick dallarán

dirt

    They're trying to dig up the dirt on the president.

    Táid ag ag iarraidh clú an uachtaráin a mhilleadh.

    You have a one-track mind and that's a dirt-track.

    Raon smaointe amháin agatsa - agus smúitraon atá ann!

dirt cheap

    chomh saor le haer

dirty
   dirty old man
   seanfhear salach
   to have a dirty
   weekend
   deireadh seachtaine
   salach a bheith agat

dishwater *(insipid tea)*
   samlach
   This tea is like
   dishwater.
   Tá an tae seo cosúil le
   uisce prátaí.

dishy gleoite *(in certain*
   dialects can also
   indicate prostitution)
   dishy girl
   cailín gleoite

ditch
   to ditch an idea
   smaoineamh a
   chaitheamh le haill

dither
   Would you stop
   dithering!
   Arae, bí ann nó as
   thú!
   He's always dithering
   about.
   Bíonn sé i gcónaí ag
   moilleadóireacht.

dive ballóg
   It was a awful dive.

B'uafásach an bhallóg
é!

do
   to do drugs
   drugaí a chaitheamh
   to do a bank
   banc a robáil
   I've been done!
   Buaileadh bob orm!
   I'm done for!
   Tá mo rás rite!
   I feel absolutely done
   for.
   Táim tughta tnáite
   amach is amach.
   They did him in.
   Chuir siad i mbosca/i
   gclár adhmaid é.

doddery cróilí
   He's a doddery old
   fool.
   Is seanamadán cróilí é!

doddle
   It's a doddle.
   D'fhéadfadh
   leathamadán é a
   dhéanamh.

dodgy
   That sounds a bit
   dodgy to me.
   Tá cuma amhrasach
   ar an scéal sin, dar
   liomsa.

dog 1

The dirty dog!
An suarachán salach!
He's a sly dog!
Is slíbhín é!
He leads a dog's life.
Bíonn saol an mhadra
chráite aige!
It's dog eat dog here!
Itheann na madraí
allta a chéile anseo!
(going to the W.C.)
**I'm going to see a
man about a dog.**
Tá orm an tigín beag
a chuartú.

dog 2

**We were dogged by
bad weather.**
Bhíomar cráite ag an
drochaimsir.

dog-house

**He'll really be in the
dog-house now!**
Beidh sé in umar na
haimléise anois!

doggone

Well, I'll be doggone!
Bheul, m'anam don
diabhal!

doggy-fashion

**to make love doggy-
fashion**

comhriachtain a
dhéanamh ar nós na
madraí/tóin ar barr

doldrums

**She was in the
doldrums.**
Bhí sí i ndroim
dubhach.

doll 1

She's a doll!
Is spéirbhean í!
What a doll!
Nach í an chuid súl í!

doll 2

She dolled herself up.
Rinne sí í féin a
phointeáil suas.

dope *(drug)* dóp;
(person) dúramán

to take dope
dóp a chaitheamh
He's a dope!
Is dúramán é.

dopey dúramánta

dork sreangaire

He's a dork.
Is sreangaire é.

dosh

Has he got the dosh?
An bhfuil na pinginí
aige?

doss

to doss about

bheith ag
srathaireacht thart
dosser srathaire
He's an awful dosser!
Is uafásach an
srathaire é!
doss-house teach na
mbocht
in the doss-house
i dteach na mbocht
dot
**She arrived on the
dot of six.**
Tháinig sí ar bhuille a
sé.
dote 1 peata
Isn't she a little dote!
Nach í an peata beag!
dote 2
He dotes on her.
Tá sé doirte di.
She dotes on him.
Bíonn sí leáite anuas
air.
dotty seafóideach; ait,
néalraithe
He's dotty.
Tá sifil air.
dotty notion
smaoineamh
seafóideach
dotty aunt
aintín néalraithe

She's a bit dotty.
Tá sí pas beag ait.
He's dotty about her.
Tá sé splanctha ina
diaidh.
dough
**He's hasn't any
dough.**
Tá sé ar phócaí
folmha.
down
to down a pint
pionta a chaitheamh
siar
down-and-out
gioblachán
**He was a down-and-
out.**
Bhí sé ar an trá
fholamh.
**They look after the
city's down-and outs.**
Tugann said aire
d'ainniseoirí na
cathrach.
downer
to be on a downer
bheith in íseal spride
drag 1
**It was a real drag for
us.**
Bhí sé ina thrillín
trom orainne.

He dresses in drag.
Cuireann sé éadaí
ban air féin.
drag-queen
fear in éadaí ban

drag 2
Stop dragging your
feet!
Ná bí ag tarraingt na
gcos leat!

drat
Drat it!
Drochchrath air!

dratted
This dratted thing is
of no use.
Níl maitheas ar bith
sa rud mallaithe seo!

dream 1
In your dreams!
Níl cosc ar éinne
bheith ag
aislingeacht!
It's a dream of a
dress!
Is gleoite an gúna é!
Isn't he a dream!
Nach iontach an
chuid mná é!

dream 2
Dream on!
Níl cosc ar éinne
caisleáin óir a

thógáil!

drip sramaide
He's a real drip.
Is sramaide ceart é!

drop 1
Let's drop it!
Scoirimis de mar
scéal!
He dropped out of
the race.
D'éirigh sé as an rás.

drop 2
It's a drop in the
ocean.
Níl ann ach sú talún i
mbéal buláin.
Do you take the odd
drop?
An ólann tú an
corrbhraon?
I think he had a drop
taken.
Ceapaim go raibh
braoinín beag istigh
aige.

drop-dead
She's drop-dead
gorgeous.
Is í íocshláinte an
domhain í!

dry
Would you ever dry
up!

An bhféadfá do ghob
a dhúnadh!

dude *(as in greeting)*
Hi, dude!
Mora thú!

duff
to duff someone up
íde a thabhairt do
dhuine éigin

duffer dallacán
Silly old duffer
seanleiciméir saonta

dumb bómánta
**That was a pretty
dumb thing to do!**
Ní fhéadfainn tú a
mholadh as a
ndearna tú ansin!

dump
What a dump!
A leithéid de
bhréanlach!

dunno
I dunno.
Níl 'is am!

dutch
dutch courage
misneach óil
to go dutch
dul amach agus gach
duine ag íoc as féin

dweeb streilleachán

dyke *(lesbian)* strapairlín

E

ear
**I'm up to my ears in
work.**
Tá na seacht sraith ar
lár agam. Tá seacht
gcúraimí an tsléibhe
orm.
**She's up to her ears in
debt.**
Tá sí báite i bhfiacha.
**He was thrown out
on his ear.**
Caitheadh amach ar a
chluas é.

earful
Get an earful of this!
Bain lán do dhá
chluas as seo!

earth
(after sex) **How was
it for you? Did the
earth move?**
Conas mar a bhí sé
duitse? Ar bogadh an
domhan duit?
**Where on earth have
you been?**
Cá háit faoin spéir a
raibh tusa?
**What on earth made
you do that?**

Céard sa tubaiste a
thug ort é sin a
dhéanamh?
**Why on earth are you
late?**
Cad chuige sa donas
a bhfuil tú déanach?
**It looks like nothing
on earth.**
Níl dreach ná
dealramh air.

earwig
**to earwig in on a
conversation**
cluasaíl isteach ar
chomhrá

easy
**He has an easy time
of it.**
Is breá bog a dtagann
an saol air.
Take it easy!
Tóg go bog é!

easy-going réchúiseach
He's easygoing.
Is sochmán é.

eat
What's eating you?
Cad tá do do
chiapadh?
**Eat your heart out,
Madonna!**
Bíodh do chroí á
shníomh le héad,

Madonna!

ecstasy *(drug)* ecstasaí

ecstatic
She was ecstatic.
Bhí sceitimíní uirthi.

edgy corrthónach
**He's a little bit edgy
tonight.**
Tá seisean pas beag
suaite/corrthóineach
anocht.

eejit dúdaire
He's a right eejit!
Is dúdaire ceart é!

eff
**He used the 'eff'
word.**
Bhain sé úsáid as
slamfhocal.
**There was a lot of
effing and blinding
going on!**
Bhí gach mionn is
eascaine le cloisteáil.
**He effs and blinds
like nobody's
business.**
Bíonn sé ag mallachtú
ar nós an diabhail
féin.
Eff off!
Téigh go hifreann!

effing
I can't get this effing

thing to work!
Ní féidir liom an rud
mallaithe seo a chur i
ngléas.

egg

He's a bad egg!
Is cladhaire
díomhaoin é!
You're a good egg!
Is madra macánta
thú!

egghead

She's a real egghead!
Is scoláire an uile
eolais í!
He's a bit of an
egghead.
Tá cloigeann maith ar
an ghualainn aige.

elbow 1

Put a bit of elbow-
grease into it!
Cuir beagáinín den
bhealadh faoi na
hioscaidí!
There's no elbow
room here.
Níl fairsinge chun
oibre ag éinne
anseo.

elbow 2

elbowing his way to
the top of the queue
ag guailleáil a shlí
chun barr na scuaine
She gave him the
elbow.
Thug sí sonc dá
huillinn dó.; *(to get
rid of)* Thug sí chun
bóthair é.

elevator

Don't mind Síle, the
elevator doesn't go to
the top floor there!
Ná bac le Síle, ní
stadann an traein ag
gach stáisiún aici
siúd!

end

no end of books
leabhair gan áireamh
He thinks no end of
himself.
Tá sé ina dhia beag
aige féin é.
There's no end to it!
Níl aon teorainn leis!

erotic anghrách

erotic film
scannán anghrách

eyeful

Get an eyeful of that!
Bain lán do dhá shúl
as sin!

F

FA

I got sweet FA for my all troubles.
Ní bhfuair mé ach faic le fáilte agus an saothar mór crua a chuir mé orm féin leis!

fab! Go taibhseach!

face

Shut your face!
Dún do ghob!
It's real 'in-your-face' poetry.
Is 'cuir sin faoi d'fhiacail agus cogain é' filíocht.

fag 1 *(cigarette)* toitín

fag 2 *(homosexual)* gúngaire

faggot *(homosexual)* fagóid, gúngaire, geadánaí,Taghd tóna, cúlaí, ceardaí cúlbhealaigh, fear cúldorais. *(see also:* **fairy, gay, homo, queer***)*

fairy *(homosexual)*
He's a fairy. Is fear an chaipín bháin é! *(see*

also: **faggot, gay, homo, queer***)*

fall guy

I don't want to be the fall guy!
Ní theastaíonn uaimse bheith fágtha i mbun an bhacáin!

family jewels na seoda clainne

fancy 1

She has a new fancy man now.
Tá suiríoch nua aici anois.
I'm footloose and fancy free!
Táim gan chúram ar bith le croí saor chun grá!

fancy 2

She fancies him.
Tá nóisean aici dó.
He really fancies himself.
Tá sé ag éirí go mór aniar as féin.
Do you fancy a drink?
Cad a déarfá le deoch?

fanny *(vagina)* gibhis
She has a gorgeous

fanny.
Tá gibhis ghleoite
aici.
Sweet fanny Adams!
Faic le fáilte!
fart 1 bromaire
Silly old fart
seanbhromaire
bómánta
fart 2 broim
to fart about
bromadh timpeall
fat
fat cat
boc mór
**Fat chance of that
happening!**
Baistfear an diabhal
sula dtarlóidh a
leithéidse!
fat city
saol an mhadaidh
bháin
**Fat lot of good that
will do!**
Agus cén maitheas a
thiocfaidh as sin?!
fatso bleadrachán,
balpóg
faze
**Nothing seems to
faze her.**
Is amhlaidh nach

gcuireann aon rud
isteach nó amach
uirthi.
feck
Feck it!
Pleoid air!
I don't fecking care!
Is cuma sa tioc liom!
fecker boicín
**Don't mind that
fecker!**
Ná bac leis an
mboicín sin!
feelers
to put out feelers
an talamh a bhrath
fifth wheel
**I was like a fifth
wheel.**
Bhí mise le cois.
figment
**It's only a figment of
her imagination.**
Níl ann ach rud a
samhlaíodh di.
figure
Go figure it out!
Bain do chiall féin as
sin!
That figures!
Tá sin intuigthe.
finger 1
It's about time you

pulled the finger out!
Is mithid duit bealadh
a chur faoi d'ioscaidí!
**She gave me the
finger.**
Thaispeáin sí méar
san aer dom.
**He never lifts a finger
to help.**
Ní chorraíonn sé cos
leis chun cabhair ar
bith a thabhairt.
finger 2
  **He fingered the
  whole gang.**
  Sceith sé ar an ghasra
  iomlán.
finger-fuck
  He finger-fucked her.
  D'fheisigh sé í lena
  mhéar.
fist-fuck
  to fist-fuck a girl
  cailín a fheisiú le
  dorn
fit
  **She'll throw a fit
  when she hears.**
  Tiocfaidh an lí buí
  uirthi nuair a
  chloisfidh sí.
  **He works in fits and
  starts.**

Tagann taomanna
oibre air anois is arís.
fix 1
  I need my daily fix.
  Ní féidir liom gan mo
  chiondáil laethúil a
  fháil dom féin.
  to be in a fix
  bheith i bponc
fix 2
  I'll fix him!
  Cuirfidh mise deis air
  siúd!
flahoolagh flaithiúil
flake out
  **As soon as my head
  hits the pillow, I just
  flake out.**
  Chomh luath is a
  bhuaileann mo
  cheann an adhairt
  féin, bím gan aithne
  gan urlabhra.
flaming
  You flaming fool!
  A amadáin na
  spadchluas
  spiacánach!
  **What a flaming
  nuisance!**
  A leithéid de chrá
  croí dhóite!

flap
   She was in a dreadful flap!
   Bhí griothal an domhain uirthi.
   He was in a bit of a flap.
   Bhí driopás éigin air.

flash-back athbhladhm
   I had a flash-back.
   Tháinig athbhladhm de chuimhne cinn ar ais chugam.

flasher flaiséir

flashy spiagaí

flat
   I was working flat out.
   Bhí mé ag obair ar mo sheacht ndícheall

flatly
   He flatly refused.
   Dhiúltaigh sé go dubh is go bán.

flea-pit bréanlach de phictiúrlann

fleece
   I was fleeced.
   Feannadh mé.

fling
   to have a fling
   ceol a bhaint as an saol

   They had a fling together years ago.
   Bhí siad an-mhór lena chéile na blianta fada ó shin.
   Youth will have its fling.
   Ní mór cead raide a thabhairt don óige.

flip 1
   to flip one's lid
   imeacht le gaoth na gcnoc

flip 2
   the flip side of the coin
   an taobh eile den scéal

flip 3
   Flip it!
   Pleoid air!

flipping
   I was flipping mad.
   Bhí mé thar bharr mo chéille le fearg.
   Don't be flipping well talking to me about punctuality!
   Ná bíodh de dhanaíocht ionatsa bheith ag caint liomsa faoin phoncúlacht!

flirt 1 cliúsaí

He's a terrible flirt.
Is uafásach an cliúsaí
é.

flirt 2
She was flirting with
him.
Bhí sí ag cliúsaíocht
leis.

float
to float an idea
smaoineamh a chur
amach lena phlé

flog
You're flogging a
dead horse.
Tá tú ag marú madra
mharbh.
That joke has been
flogged to death.
Scéal le féasóg é sin.

floor
He wiped the floor
with me.
Rinne sé madra
draoibe díom.

floozie giobóg
Don't tell me you're
going out with that
floozie!
Ná habair liom go
mbíonn tusa ag siúl
amach leis an
ghiobóg sin!

flop
That play was a total
flop.
Plup-plap/Slupar-
slapar ceart a bhí
dráma úd.

fluff
a bit of fluff píosa
den sciorta

flunk
He flunked the exam.
Chlis air sa scrúdú.

fly 1
She flew off the
handle.
Scaoileadh a srianta
agus las sí le fearg

fly 2
There are no flies on
him.
Níl aon néal air.
I'd love to be a fly on
the wall in that room
now.
Ba bhreá liom bheith
mar chluas ar an
mballa sa seomra sin
anois.

fly-by-night Ruairí an
mheánoíche

fogey
Don't be such an old
fogey!

Ná déan seanchóta
díot féin!
**He's a miserable old
fogey!**
Is seanruacán ceart é.
fool amadán
She's nobody's fool!
Ní óinseach ag aon
duine í!
More fool you!
Tusa 'tá thíos leis!
fooling
Stop fooling around!
Cuir uait an
phleidhcíocht!
fooster
**She's always
foostering about.**
Bíonn sí ag fústráil
timpeall na háite an
t-am ar fad.
footsie
**playing footsie with a
person under the
table**
ag imirt cuimilt na
gcos le duine faoin
bhord
fork
**Why do I have to
fork out the money?**
Cén fáth go bhfuil

ormsa an t-airgead a
shíneadh amach?
foul up
to foul up everything
úth ar tharbh a
dhéanamh de gach
rud
foul-up praiseach
It's a right foul up!
Is praiseach cheart é!
four-eyes
Hi, specky-four-eyes!
Haigh, a spéaclaí na
gceithre súl!
fraidy-cat sicín
freak
He's a religious freak.
Bíonn sé as a
mheabhair ar fad
nuair is reiligiún a
bhíonn i gceist.
He's a freak.
Is ainriochtán é.
freak-show
seó ainriochtán
freak out
**She'll freak out when
she hears.**
Rachaidh sí le báiní
nuair a gheobhaidh sí
amach.
freeloader súmaire

French
    Excuse my French!
    Maith dom na
    mionnaí móra!
    to take French
    leave
    imeacht gan chead
    French letter
    rubar
    to use a French
    letter
    rubar a chaitheamh
French-kiss
    póg Fhrancach
    She French-kissed
    him.
    Thug sí póg
    Fhrancach dó., Thug
    sí fáiméad le lán a
    teanga dó.
fresh
    He got too fresh with
    her.
    D'éirigh sé
    róshaoráideach léi.
    He's getting very
    fresh!
    Is iomaí cead a
    thugann seisean dó
    féin!
fresher neach léinn sa
    chéad bhliain in
    Ollscoil

frigging
    The frigging thing is
    crud!
    Níl fiú faic an rud
    mallaithe seo!
    Don't be frigging
    lying to me!
    Ná bí ag insint
    deargbhréaga domsa!
frighteners
    to put the frighteners
    on him
    scanradh a anama a
    chur air
front
    to pay up front
    airgead a íoc ar an
    toirt roimh ré
    to be up front with
    me
    bheith díreach liom
fruitcake
    He's as nutty as a
    fruitcake!
    Tá sé chomh mear le
    míol Márta!
fry 1
    He's only small fry.
    Ní ann ach duine den
    ghramaisc.
fry 2
    I have a lot bigger

fish to fry than that.
Sin an chloch is lú ar
mo pháidrín.

fuck 1

He's a lazy fuck!
Is feisí falsa é!

**I don't give a fuck
whether he stays or
leaves!**
Is cuma sa toll
feisithe liomsa ann ná
as é!

What the fuck!
Go bhfeisí an Diabhal
mé!

**What the fuck
brought you here?**
Cad sa bhreall
fheisithe a thug tusa
anseo?

Shut the fuck up!
Dún an clab feisithe
ort féin!

fuck 2 feisigh

to fuck her
í a fheisiú

Fuck off!
Feisigh leat!

fucked to death
feisithe chun báis

We're fucked now!
Táimid i sáinn an
chacamais anois!

**She's really fucked up
now.**
Is praiseach
lánfheisithe anois í.

**You've gone and
fucked the whole
thing up.**
Tá an rud go léir
feisithe i gceart agat!

Don't fuck with me!
Ná smaoinigh fuíoll
feisithe a dhéanamh
díomsa!

(proverb) **Fuck her
slowly, fuck her well!**
Feisigh í go haclaí,
feisigh í go mall!

fucker feisí

sly fucker
feisí fealltach

fucking feisithe

**What a fucking
bastard!**
A leithéid de bhastard
feisithe!

**It's a fucking
disgrace!**
Is feisithe an náire é!

fuck-up

What a fuck-up!
Nach feisithe an scéal
é!

funky go snasta

That's funky!
Tá sin go suasta!
funny farm
feirm na gcótaí bána
**He was taken off to
the funny farm.**
Tugadh isteach go dtí
feirm na gcótaí bána
é.

G

gab
**That guy has the gift of
the gab.**
Nach í an
ghliogairnéis mhaith
atá ag an mhac úd.
gaff geaf
to make a gaff
geafáil
gaffer saoiste
gaga gan splanc ann
He's gone gaga.
Níl splanc fágtha idir
na cluasa aige.
gagging
**They were gagging
for it.**
Ní raibh ach gaoth an
fhocail uathu.

gal cailín
That's my gal!
Mo cheol thú, a
chailín mo chroí!
game
She's on the game.
Is sráidí í.
That's a mug's game!
Is ag cuimilt saille de
thóin na muice
méithe é sin!
gander
**to take a gander at
something**
sracfhéachaint a fháil
ar rud éigin
gang-bang
She was gang-banged.
Tugadh pósadh na
cónairte (mire) di.
garbage
Don't talk garbage!
Ná bí ag caint
ráiméise!
It's a load of garbage!
Is carn mór amaidí é!
gas craic
It was gas!
Ba mhór an chraic é!
gasbag scaothaire,
bolmán
He's an awful gasbag.
Is uafásach an

scaothaire é.

gasp

I was gasping for a cigarette.
Bhí mé ar an dé deiridh d'uireasa toitín.

gay *(homosexual)* aerach

Is he gay?
An aerach é?

the gay community
an pobal aerach

That's gay!
Tá sin go haerach!

gay-bashing ag tabhairt drochíde coirp d'éinne atá ina aerach; *(BÁC)* ag baiseáil gay'nna

gear

Has he got the gear?
An bhfuil an trealamh aige?

Get your arse into gear!
Ardaigh do thóin chun oibre!

Gee whiz! A Thiarcais!

geek galldúda

Who's that geek?
Cé hé an galldúda sin?

geezer

Who's that geezer?

Cé hé an geocach sin?

some old geezer with a limp
seangheocach éigin atá bacach

get

It really gets to me the way she moans on.
Feidhmíonn sé go mór ar mo néaróga í féin agus a cuid ochlán.

He got religion.
D'iompaigh sé chun reiligiúin.

He got her into trouble.
Chuir sé ó chrích í.

I got him guessing.
Chuir mé ag smaoineamh é.

You've got it!
Tá agat!

What are you getting at?
Cad chuige a bhfuil tú?

There's no getting away from it.
Níl aon dul uaidh.

Get away with you!
Éirigh as!

It really gets me down.
Cuireann sé as dom go mór.
She told him where to get off.
Chuir sise ina áit é gan mhoill., Níor fhág sí in aon amhras é nár mhaidrín lathaí í ag fear ar bith!
to get off with a boy/girl
croí buachalla/cailín a bhuachan
She gets up my nose.
Cuireann sí straidhn orm.
What have you been getting up to lately?
Céard a bhíonn ar siúl agatsa le déanaí?
You'll have to get it together!
Caithfidh tú teacht ar do chiall!
get-up *(clothes)*
brangóidí
What a get-up!
A leithéid de bhrangóidí!
gibberish gibiris
gig ceolchoirm, seó

ginormous ábhalmhór
girlie
 girlie chat
 comhrá na mban óg
gist
 the gist of what she was saying
 brí bhunúsach a cuid cainte.
 the gist of the matter
 cnámha an scéil
git geoiste
 He's a right git.
 Geoiste ceart é!
 What a git!
 A leithéid de gheoiste!
give
 What gives?
 Cén scéal é?
 Give over!
 Éirigh as!
gizmo gléas, gléasra
 What's this gizmo for?
 Cad chuige an gléas seo?
 He has all sorts of new gizmos.
 Bíonn gach uile shórt de ghléasra nua aige.
glitzy gairéadach
 The fashion show

was rather glitzy.
Bhí an seó faisin pas beag gairéadach.

go 1

I'll have a go.
Féachfaidh mé leis.

Give us a go!
Tabhair seans domsa!

on the go all day
i mbun oibre an lá ar fad

go 2

He's like, 'You're mad!' and I go, 'No way, man!'
'Tá tú ar buile!', arsa seisean, agus mise leisean, 'Baol ormsa, a mhic ó!'

Off you go!
Ar aghaidh leat!

The play went down like a lead balloon.
Thit an tóin ar fad as an dráma.

He's going down!
Tá seisean ag dul síos!, Tá a chnaipe déanta!

His business went under.
Chuaigh a ghnó faoi.

I prefer to go with the flow.
Is fearr liomsa dul le sruth an tsaoil.

goat

He likes to act the goat.
Is maith leis bheith ag pleidhcíocht.

It gets my goat!
Cuireann sé olc orm!

gob

Shut your gob!
Dún do ghob!

gobbledygook gibiris

He was just speaking some gobbledygook.
Ní raibh ach gibiris éigin á labhairt aige.

gobshite

He's a gobshite.
Is cúl tóna é!

gobsmacked

I was gobsmacked.
Fágadh i mo staic bhalbh mé., Baineadh an chaint díom., Rinne stangaire díom.

God

He thinks he's God's gift to women!
Ceapann seisean gur bhronntanas Ó Dhia don bhantracht é.

God only knows!
Ag Dia amháin an t-
eolas sin!
For God's sake!
In ainm Dé!
Goddammit! In ainm
Dé!
goddamn
He's a goddamn
nuisance.
Is crá croí mallaithe
é.
And I don't goddamn
care!
Agus is cuma sa
diabhal liom!
godsend
It was a godsend!
Ba thabhartas ó Dhia
é!
goer
She's a bit of goer!
Ní cheileann sí í féin
ar na buachaillí.
gold-digger
She's a gold-digger!
Níl inti siúd ach grá
na hailpe.
Golly! A Mhuiricín!
gone *(drunk)*
He was far gone by
the time the evening
was over.

Ní raibh féith ná
comhaireamh aige
nuair a bhí an oíche
thart.
goner
He's a goner.
Tá a rás rite.
goof about
He likes to goof
about.
Is breá leis bheith ag
áilteoireacht.
goofy
He seemed a bit
goofy.
Bhí an dealramh air
nach raibh mórán idir
na cluasa aige.
goofy person
streilleachán
goolies
He got hit in the
goolies.
Tugadh fabhtóg íseal
dó.
goons guairillí
Al Capone arrived on
the scene with a
couple of goons.
Tháinig Al Capone ar
an láthair le cúpla
guairille.
Gosh! Dar fia!

Gotcha! Táir agam!

gouger crochaire

grass 1 *(drug)* féar
    smoking grass
    ag caitheamh féir

grass 2
    to grass on someone
    sceitheadh ar dhuine
    éigin

greedy-guts placaire
    **Don't be a greedy-
    guts!**
    Ná déan placaire díot
    féin!

grief
    **I get a lot of grief
    from my parents.**
    Bíonn mo thuistí i
    gcónaí anuas orm.

grip
    Get a grip!
    Tar ar do chiall!

groovy go seoigh

gross
    That's gross!
    Tá sin go
    déistineach!,
    Chuirfeadh a leithéid
    masmas ar dhuine.

grotty míolach
    grotty room
    seomra míolach

    grotty place
    failín

grub bia
    Grub's up!
    Tagaigí chun boird!,
    Tá ar an mbord!

guff
    Less of your old guff!
    Cuir uait an plámás
    anois!
    He's full of guff!
    Is plámásaí uafásach é!

gurrier búiste
    He's a bit of a gurrier.
    Tá iarracht den
    bhúiste ann.

guts
    **She's got guts if she
    can do that.**
    Tá sé de mhianach
    ceart inti más féidir
    léi a leithéid a
    dhéanamh.
    **She worked her guts
    out trying to
    complete the job.**
    D'oibrigh sí a seacht
    ndícheall ag iarraidh
    an jab a chur i gcrích.
    **He hadn't the guts to
    tell her.**
    Ní raibh den sponc
    ann é a rá léi.

gutsy
  gutsy poetry
  filíocht lasánta
gutted
  I was absolutely gutted by the news.
  Bhain an scéala an croí is na hinní asam.
guv saoiste
guy diúlach
  He's a nice guy.
  Is deas an diúlach é.

H

habit
  to kick a habit
  droim láimhe a thabhairt do nós
  He was on drugs but he kicked the habit.
  Bhí sé ar na drugaí ach d'éirigh sé astu.
hack 1
  He was on the team but he couldn't hack the work.
  Bhí sé ar an fhoireann ach ní raibh sé

inbhuailte leis an obair.
  She couldn't hack it.
  Ní raibh sí inchurtha leis.
hack 2
  He's no writer. He's a hack.
  Ní scríbhneoir é. Scríobhlálaí atá ann.
hag cailleach
  an old hag
  seanchailleach
hail
  Where does he hail from?
  Cárb as a dtagann seisean?
hair
  to let your hair down
  ligean leat
  Keep you hair on!
  Coinnigh guaim ort féin!
  This will put hairs on your chest.
  Déanfaidh an rud seo fear díot.
hair's breadth
  to have a hair's breadth escape
  éalú idir cleith agus ursain

half
> **You aren't half clever!**
> Nach cliste an mac/an
> bhean thú!
> **I was half asleep.**
> Bhí mé idir codladh
> agus dúiseacht.
> **You don't half**
> **exaggerate!**
> Nach tusa an
> t-áibhéalaí!
> **It's not half bad!**
> Níl sé chomh holc sin
> ar chor ar bith!

half-arsed
> **It was a real half-**
> **arsed effort.**
> Iarracht chúl tóna ar
> fad a bhí ann.

half-cocked
> **some half-cocked**
> **idea**
> macsmaoineamh
> leibideach éigin

half-wit leathdhuine

half-witted gann i gcéill
> **some half-witted**
> **scheme**
> scéim díchéillí éigin

ham-fisted
> **ham-fisted apology**
> leithscéal anásta
> **ham-fisted approach**

cur chuige ciotógach

hammered
> **We were hammered.**
> Treascraíodh go
> talamh sinn.

hammering
> **We got a good**
> **hammering.**
> Tugadh súisteáil
> cheart dúinne.

hand-job
> **She did a hand-job**
> **for him.**
> Thug sí faoiseamh (a)
> láimhe dó.

handle
> **to get a handle on a**
> **situation**
> lámh in uachtar a
> fháil ar scéal
> **to fly off the handle**
> imeacht leis na
> craobhacha; do
> ghuaim a chailliúint

hand-me-down
> **I get all the hand-me-**
> **downs.**
> Faigheann mise na
> héadaí séanta go léir.

hang 1
> **I can't get the hang of**
> **it.**
> Ní féidir liom teacht

isteach air.

hang 2

Hang on a minute!
Fan ort go fóillín
beag!

Hang the expense!
Bíodh an diabhal ag
an gcostas!

**Where does he hang
out?**
Cá gcaitheann sé an
chuid is mó dá shaol?

hanky-panky

**No hanky-panky
now!**
Cuir as do cheann
aon áibhirseoireacht
anois!

**There was some
hanky-panky in the
accounts.**
Bhí caimiléireacht de
shaghas éigin sna
cuntais.

happy-clappy

**He's one of those
happy-clappy
Christians.**
Is 'ardaígí cros agus
buailigí bos' Críostaí
é!

hard-on adharc; bod ina
sheasamh

He has a hard-on.
Tá adharc air.

**He can't get a hard-
on.**
Bíonn sé i gcónaí
leathuair tar éis a sé
aige.

He got a hard-on.
Tháinig adharc air.

**Oh, it's a hard-on any
time I see her.**
O, bod ina sheasamh
uair ar bith a fheicim
í.

hash

to make a hash of it
ciseach a dhéanamh
de

hassle 1 griothal

Why all the hassle?
Cad chuige an
griothal go léir?

**It's all just too much
hassle!**
Ní fiú an fuadar ná
an griothal é!

hassle 2

Don't hassle me!
Ná bí ag iarraidh
griothal a chur orm!

I felt hassled.
Bhí griothal orm.

hatchet

    hatchet job

    jab spreotála

    **to do a hatchet job
on a proposal**

    na putóga is na
haenna a bhaint as
tairiscint

    **The critics did a real
hatchet job on his
latest work.**

    Rinne na
léirmheastóirí ceirt
urláir/ciolar chiot ar
fad dá shaothar is
déanaí.

    **Let's bury the
hatchet!**

    Caithimis an chloch
as an mhuinchille!

have

    He's had it.

    Tá a rás rite.

    **I have had it up to
here with his lame
excuses.**

    Táim bréan dóite ar
fad lena chuid
leithscéalta bacacha.

    (verbal abuse) **She let
him have it.**

    Thug sí leadhbairt
mhaith dá teanga dó.

    (physical abuse)
They let him have it.

    Is beag nach ndearna
said poll uisce de.

    **He really had it
coming.**

    Bhí sé ag dul dó go
dóite.

    I've been had.

    Buaileadh bob orm.,
Cuireadh cluain orm.

    You have me there.

    Sin an áit a bhfuil mé
gafa agat.

    **She won't have any of
it!**

    Ní ghlacfaidh sí leis
sin ná lena
mhacasamhail.

    She has it in for him.

    Bíonn an nimh san
fheoil aici dó.

    **He's having it off
with her.**

    Bíonn sé ag baint an
chraicinn di.

    **She's only having you
on.**

    Níl sí ach ag magadh
fút.

hay

    I think I'll hit the hay.

    Is dócha go rachaidh

mé chun soip.
She was quite a dancer in her hay-day.
Ba bhreá an rinnceoir i mbláth a hóige í.

head
to get one's head together
do cheann a chur in eagar, teacht ar do chiall
off his head
as a mheabhair
She does my head in.
Bíonn mé clipthe aici.

head-case
He's a bit of a head-case.
Tá boc mearaí air.

heaps
heaps of work
carn mór oibre
We've heaps of time.
Tá neart ama againn.

heart-throb
Deirdre is his heart-throb.
Is í Deirdre cuisle a chroí.

heavy
Everything was getting a bit heavy.

Bhí gach rud ag éirí pas beag ródháiríre.
They brought in the heavies.
Thug siad na guairillí isteach.

heck
What the heck do I care?
Nach cuma sa tiuc liomsa?
What the heck are you doing?
Cad sa tiuc atá á dhéanamh agat?
There were a heck of a lot of people there.
Bhí gach críostaí agus a mháthair ann.
just for the heck of it
le teann ábhaillí amháin

heebie-jeebies
He gives me the heebie-jeebies.
Cuireann sé drithlíní fuachta liom.

hell
the neighbours from hell
na comharsana as ifreann
He gave us hell.
Tharraing sé na

diabhail as ifreann
orainn.
**to make a hell of an
noise**
raic an diabhail a
tharraingt
**What the hell does
she want?**
Cad sa diabhal atá
uaithi siúd?
Hell, I don't know!
A Dhiabhail, níl a
fhios agamsa!
for the hell of it
le teann
diabhlaíochta
hell-hole
It's a hell-hole.
Is poll ifrinn é.
hellish
It was hellishly hot.
Bhí sé chomh te le
hifreann.
**I had a hellish
headache.**
Bhí tinneas cinn
damanta orm.
hiccough
**There was a hiccough
or two in the new
programme.**
Bhí snag nó dhó sa
chlár nua.

hick *(clodhopper)* cábóg
high
(on drugs) **to be high**
bheith i dtámhnéal
to be high and dry
bheith ar an trá
fholamh
hightail
**He hightailed it
home.**
Rith sé abhaile go
maolchluasach.
hike
Take a hike!
Breast thú!
hip
**It's the hip thing to
do!**
Sin mar a dhéantar é
inniu!
to be hip
bheith san fhaisean
history
He's history.
Tá a phort seinte.
hit
to hit the road
an bóthar a bhualadh
to hit the bottle
dul ar na cannaí
**He has hit the big
time now.**
Tá sé i gcaidreamh na

mboc mór anois.
(drinking) **That hit the spot.**
Sin go díreach an rud a bhí uaim.
You've hit upon something there.
Tá rud éigin aimsithe agat ansin.
He was hitting on her.
Bhí sé á mealladh *(le bladar)* chun suirí.

hitch 1
  without a hitch
  gan tuisliú

hitch 2
  to get hitched
  an snaidhm a cheangal; pósadh

hit-man dúnmharfóir gairmiúil

hogwash buinneachántacht
  He's talking hog-wash!
  Níl ina chuid chainte ach buinneachántacht!

hole poll; *(dump)* failín, ballóg
  to be in a hole
  bheith i sáinn
  I need it like I need a

hole in the head.
Ní bheadh ach sin ag teastáil uaim anois!

holy
  Holy smoke!
  Dia idir sinn agus an t-olc!

homo homaighnéasach, aerach, Alfóns, buachaill tóna, cúlaí, cúldoirseoir, fagóid, fear aerach, fear an chaipín bháin, fear chúl-dorais, Neans, piteog, Taghd Tóna, Úna Ní Mhagairlí, Úna na Magairlí Móra. *(see also: **faggot, fairy, gay, queer**)*

honey
  Hi, honey-bunch!
  Haigh, a pheata mo chroí!

honker *(nose)* gaosán, smuilc

hooch poitín

hoodlum buarthóir

hooey breallántacht

hooked
  I'm hooked on jazz.
  Tá mé tugtha don snagcheol.

hooker *(whore)*

meirdreach

hooligan amhas
 gang of hooligans
 gramaisc d'amhais

hoot
 He's a real hoot!
 Is mór an chraic é!,
 Chuirfeadh sé sna
 trithí dubha ag gáire
 thú!

hop 1
 **I was caught on the
 hop.**
 Fuarthas bóiléagar
 orm.

hop 2
 Hop it!
 Tóg ort!

hopping
 **She was hopping
 mad.**
 Bhí sí ina caor bhuile.

horn adharc

horny adharcach, bod
 ina sheasamh
 He's horny!
 Bod ina sheasamh é!
 **He was horny last
 night.**
 Bhí sé go hadharcach
 aréir.
 horny little bastard
 bastairdín beag

adharcach

horror
 **That child is a little
 horror.**
 Chuirfeadh an páiste
 sin an croí ar crith i
 naomh.
 Horror of horrors!
 Uafás na n-uafás!

horse-shit cacamas
 capaill

hots
 **She has the hots for
 him.**
 Níl sí ach á lorg
 uaidh.
 She's got the hots.
 Tá sí faoi adhall.

hot-shot boc mór
 some hot-shot lawyer
 boc mór de dhlíodóir

howanever ar aon nóisín

how-are-yeh!
 **A priest, how are
 yeh!**
 Agus é ina shagart,
 slán mar a n-insítear
 é!

how's-your-father
 **a bit of how's-your-
 father**
 dreas beag den rud
 sin eile

huff stuaic
She went off in a huff.
D'imigh sí léi agus stuaic uirthi.
He is in a huff.
Tá stuaic air.

huffy
to get huffy
dul chun stuaice

hullabaloo ruaille buaille
to make a hullabaloo
ruaille buaille a thógáil

hum
He hummed and hawed.
Bhí sé ag stagarnaíl.
Things are beginning to hum.
Tá beocht ag teacht sa scéal.

humdinger
I had a humdinger of a headache.
Bhí mo cheann á scoilteadh.
humdinger of a mistake
dalbacht mhór de bhotún

hung
He's well-hung!

Tá trealamh capaill faoi.

hunk fámaire, balcaire (teann)
He's a hunk!
Is fámaire é!
What a hunk!
A leithéid de bhalcaire!

hunky-dory
Everything is hunky-dory!
Bíonn gach uile shórt go seoigh!

hurting
He's hurting!
Tá sé gonta ina chroí istigh.

hush money breab a íoctar do dhuine chun é a choimeád ina thost, airgead tosta

hustle 1 driopás
the hustle and bustle of city life
fuadar agus driopás shaol na cathrach

hustle 2 gadaíocht
ghasta a dhéanamh *(ar)*
He hustled me out of my money.
Bhain sé m'airgead

G. B<small>ANNISTER</small>

díom trí
chaimiléireacht
ghasta.
hustler fear gaimbín
hustling gadaíodht
ghasta;
gaimbíneachas
**He's always hustling
people.**
Is mór an fear
gaimbín é.
hype líonrith
**There was a lot of
hype in the media.**
Tháinig líonrith mór
ar lucht na meán
cumarsáide.
hyper
The child is hyper.
Tá an páiste hipear.
**I thought that she
was a bit hyper
yesterday.**
Cheap mise go raibh
sí pas beag spadhrúil
inné.

I

ice
**to break the ice at a
party**

leac an doichill a
bhriseadh ag cóisir
icy
**She gave me an icy
reception.**
Chuir sí fáilte an
doichill romham.
idea
What an idea!
A leithéid (de
smaoineamh)!
What's the big idea?
Nach dána an mhaise
duit!
iffy
**Things are looking
iffy for young people
in the job front at
present.**
Tá comhartha ceiste
ann maidir le
postanna do dhaoine
óga faoi láthair.
**I found the brakes
were a bit iffy.**
Ní raibh mé
róchinnte faoi na
coscáin.
in
**It's the 'in' thing to
do.**
Is é sin an rud a
dhéantar na laethanta

seo.
It's the 'in' place to be.
Téann gach duine ann anois.
I want in.
Ba mhaith liomsa bheith páirteach ann.
You're in for it!
Tá tú faoina chomhair!

inside
It was an inside job.
Ba jab chos istigh é!

into
He's really into jazz.
Tá sé tugtha ar fad don snagcheol.
He was into drugs.
Bhí sé tugtha do na drugaí.
I'm not into that sort of thing.
Ní bhíonn aon suim agam i rudaí den sórt sin.

Irish
That's a bit Irish!
Tá sin ag dul thar cailc!

iron
I have (cast-) iron proof.

Tá cruthú doshéanta agam air.

item
They're an item.
Is scéal grá iad.

J

Jack 1
Every man jack of you!
An t-iomlán dearg agaibh!
before you can say Jack Robinson
sula mbeadh 'Dia le m'anam' ráite agat
He's a Jack of all trades!
Is gobán é ach ní hé an Gobán Saor!

jack 2
He jacked it in.
Chaith sé an tuáille isteach.

Jackeen
He's a Dublin Jackeen!
Is Blácliathach bómánta é!

jackass pleidhce

jam seisiún *(ceoil)*

jar

Do you want to go out for a jar?
An bhfuil fonn ort dul amach do phíobán a fhliuchadh.

jazz

and all that jazz
agus giúirléidí eile den chineál céanna

jeepers (creepers)! Dia idir sinn agus an t-olc!, Go bhfóire Dia orainn!

jerk 1 gamal

jerk 2

to jerk off
síol a chaitheamh
He was jerking off in the loo.
Bhí sé ag caitheamh an tsíl sa tigín beag.

jerry-built

jerry-built house
teach gobáin

jiffy

in a jiffy
i bhfaiteadh na súl

jiggered

Well I'll be jiggered if I know!
Diabhal más eol domsa!

job

Her new house is one of those pre-fab jobs.
Is jab rédhéanta an teach nua sin atá aici.
It was a lovely job.
B'álainn an jab é.
He did a good job on the gutters.
Rinne sé jab maith ar na gáitéir.
He pulled the bank job.
Ba eisean a rinne an jab ar an mbanc.

Joe Soap Seáinín Saoránach

What would your average Joe Soap say about that?
Cad a déarfadh Seáinín Saoránach *(na sráide móire)* faoi sin?

johnny

to wear a johnny
coiscín a chaitheamh

joint 1

He spends the whole day in some drinking joint.
Caitheann sé an lá ar fad i síbín éigin.

(dump) **What a joint!**
A leithéid de bhallóg!
joint 2
   to smoke a joint
   toitín féir a
   chaitheamh
joyrider spraoithiománaí
joyriding
   spraoithiomáint
juice *(petrol)* connadh
jump
   to jump a person
   teacht aniar aduaidh
   ar dhuine
junk
   junk food
   mearbhia
   It's a piece of junk.
   Is earra gan mhaith é.
junkie drugaí
   **He's a junk-food
   junkie.**
   Bíonn sé ag brath ar
   an mhearbhia chun
   teacht i dtír.

K

keel over
   **He keeled over and
   died.**

Thit sé i ndiaidh a
mhullaigh agus fuair
sé bás.
keyed-up tógtha
kick 1
   He does it for kicks
   Ar mhaithe le spórt a
   dhéanann sé é.
kick 2
   He kicked the bucket.
   Chuaigh sé ar shlí na
   fírinne., Chroch sé
   suas a chóta.
kill 1
   **He went in for the
   kill.**
   Chuaigh sé isteach
   chun an buille scoir a
   thabhairt.
kill 2
   I'd kill for a beer.
   Thabharfainn a raibh
   agam le beoir a ól.
   **She was dressed to
   kill.**
   Bhainfeadh na héadaí
   a bhí uirthi an
   t-amharc as an dá
   shúil agat!
   to kill time
   am a mheilt
   **She nearly killed
   herself laughing.**

Ba bheag nár
mharaigh sí í féin leis
an gháire.

killer
This work is a killer.
Tá marú duine san
obair seo.

killing
to make a killing
brabús abhalmhór a
dhéanamh

kinky ait, corr
kinky sex
gnéas ait
kinky clothes
éadaí aisteacha
kinky ideas
smaointe corra

kip
I didn't get much kip.
Níor chodail mé aon
néal.
**That place is a right
kip.**
Is bothóg cheart an
áit sin.

kiss
**You can kiss good-
bye to your new
job.**
Is féidir leat slán a
fhágáil le do jab nua.
Kiss my ass!

Póg mo thóin!

kiss-and-tell stories
scéalta grá ar son pá

kisser gob

kit
Get your kit off!
Bain díot!

kite
Go fly a kite!
Imigh leat agus ná bí
faoi mo chosa anseo!
**He was as high as a
kite on E.**
Bhí sé as a cheann ar
E.

kittens
**She'll have kittens
when she finds out.**
Beidh sí thairsti féin
nuair a gheobaidh sí
amach.

knack sás
**She has the knack of
doing it.**
Tá sás a dhéanta aici.
**He has the knack of
saying the right thing.**
Tá deis a labhartha
aige.
**He has the knack of
saying the wrong
thing.**
Fág aige siúd an focal

65

míchuí a rá!

knacker bligeard

1. *(the original sense is: **ceannaí capaill**, but now it has a more pejorative meaning: 'thieving tramp')*

2. *(it is also used pejoratively to describe the '**Lucht Siúil**' or the 'travelling community')*

They're a couple of knackers.

Cúpla bligeard atá iontu.

knackered

I'm knackered.

Táim tnáite críochnaithe., Tá mé tugtha traochta., Táim ag titim ar mo chosa., Táim ar mo chosa deiridh.

knees-up cumáile *(comes from: 'come-all-ye', which is the opening line of many Irish ballads. Then it also became the name for a session of music and dancing.)*

We had a fine knees-up last night.

Ba bhreá an cumáile a bhí againn aréir.

knee-trembler suirí seasta

He got knee-trembler out of her last night.

Rinne sé suirí tóin le balla léi aréir.

knickers triúisín

Don't get your knickers in a twist.

Ná caill do ghuaim!

knicker-ripping gnéas fiáin

He goes out knicker-ripping of a Saturday night.

Téann sé amach ag seilg scuabóige oíche Dé Sathairn.

knob bod; bligeard

He's a knob!

Is bod balbh é!

The same to you with knobs on!

Gurab amhlaidh duit agus mórán eile lena chois!

knock

Don't knock it before you've tried it yourself!

Ná déan beag de
sular thriail tú féin é!
**You knocked that one
on the head.**
Chuir tú deireadh
iomlán leis an cheann
sin.
to knock off work
eirí as obair
**Did you see my keys
knocking about here
somewhere?**
An bhfaca do
m'eochracha ar
foluain thart áit éigin
anseo?
**They used to knock
about together in
their youth.**
Bhídís ag bualadh
timpeall lena chéile le
linn a n-óige.
**Mick was knocking
'em back.**
Bhí Mick ag taoscadh
siar.
**That knocked me
back a dollar or two!**
Bhain sin pingin nó
dhó as mo phóca.
Knock it off!
Cuir uait é!
to knock up a girl clú

chailín a
mhilleadh, máthair a
dhéanamh de chailín,
féirín (bog) a fhágáil
le cailín, cailín a chur
ó chrích, *(BÁC)* cailín
a chur sa chlub
knock-back
I had a knock-back.
Baineadh siar asam.
knockers *(large breasts)*
pardóga, máilíní
mórtais, mulláin na
mban, cloig, sléibhte,
cnoic (an tsonais)
**Hasn't that one got a
lovely pair of
knockers on her.**
Nach deas iad na
pardóga atá uirthi
siúd.
knocking-shop teach
suirí, lóistín leathair,
siopa scuabóige
knot
to tie the knot
an tsnaidhm a
cheangal, pósadh
knotted
Get knotted!
Dul abhaile leat
anois!

know-all
   He's a real know-all.
   Ceapann sé gurb
   eisean féin foinse an
   uile eolais é.
know-how saineolas
   She has the know-
   how.
   Tá an saineolas aici
   siúd.
kybosh caidhp báis
   That was what put
   the kybosh on
   everything.
   Ba é sin a chuir an
   caidhp báis ar gach
   rud.

L

lad leaid
   He's a bit of a lad!
   Bíonn ábhairín den
   bhuachaill báire ann.
   the lads
   na leaideanna
   He gone out for a
   couple of pints with
   the lads.
   D'imigh sé leis cúpla
   pionta a ól lena

chomrádaithe.
laddish
   He's a bit too
   laddish!
   Bíonn an iomarca den
   bhuachaill báire ann.
la-di-dah
   She was very la-di-
   dah when she was
   talking to him last
   night.
   Chuir sí tiúin ina
   teanga agus í ag caint
   leis aréir.
lager lout
   He's nothing but a
   lager lout.
   Níl ann ach
   bithiúnach (an) óil.
laid-back
   You have been very
   laid-back of late.
   Ní bhíonn tú ag cur
   aon stró ort féin le
   déanaí.
   He looked very laid-
   back about it all.
   Ba é an dealramh a
   bhí air go mba chuma
   leis ar fad é.
lame bacach
   lame excuse
   leithscéal bacach

lame-brain
>**He's a lame-brain.**
>Níl mórán idir na cluasa aige.
>**Don't be such a lame-brain!**
>Ná déan leathamadán díot féin!

landed
>**He landed up in jail because of it.**
>Ba é an príosún a bhí mar cheann scribe aige dá bharr.
>**I was landed with all the hard work.**
>Fágadh cúram na hoibre crua go léir ormsa.
>**He always lands on his feet.**
>Tagann sé anuas ar a chosa i gcónaí.

lap-dance
>**Let's go to the lap-dance bar.**
>Téimis go dtí beár na nglúin-damhsóirí.

lap-dancer glúin-damhsóir

lark 1
>**to do it for a lark**
>é a dhéanamh ar son spraoi

lark 2
>**They were larking about in Dublin.**
>Bhí siad ag déanamh aeir dóibh féin i mBlá Cliath.

last-ditch
>**to make a last-ditch attempt**
>buille scoir a thabhairt ag an nóiméad deireanach

late-comers straigléirí

laugh
>**I did it just for a laugh.**
>Ar son spóirt amháin a rinne mé é.
>**What a laugh!**
>Níl ann ach cúis gháire!
>**Don't make me laugh!**
>Ná cuir ag gáire mé!
>**If I get this exam I'll be laughing!**
>Má éireoidh liom sa scrúdú seo, beidh mé ar muin na muice!

law
>**Let's go, it's the law!**
>Imímís, tá na píléir anseo!

lay 1
    She's a good lay.
    Bíonn sí go maith sa
    leaba.
    She's an easy lay.
    Dáileann sí í féin
    amach go fial.
    **Did you get laid last
    night?**
    An bhfuair tú an
    craiceann aréir?
lay 2
    Lay off the booze!
    Leag uait an
    diúgaireacht
    (shíoraí)!
    Will you ever lay off!
    Nach ligfeá do
    dhuine!
lazy-bones giolla na
    leisce
    **Get up, you lazy-
    bones!**
    Éirigh suas, a ghiolla
    na leisce!
    **He's a real lazy-
    bones!**
    Is leadaí na luaithe é!
    **Don't be a lazy-
    bones!**
    Ná bí i do liúdramán
lead
    Get the lead out!

Ná bí chomh costrom
    sin!, Cuir díot an
    luaidh luaidhe agus
    déan deifir éigin!
leg
    **He got his leg over
    last night.**
    Bhuail sé an
    craiceann aréir., Bhí
    sé ag marcaíocht
    aréir., Bhí sé in
    airde/sa diallait aréir.,
    Fuair sé an leathar
    aréir.
    Shake a leg!
    Déan tú féin a
    bhogadh!
    to leg it
    na bonnaí a bhaint as
legit
    This is all legit!
    Níl aon 'ar chúl
    scéithe' ag baint leis
    seo!
legless
    **He was legless on
    Friday night.**
    Bhí na cosa ag lúbadh
    faoi leis an ól oíche
    Dé hAoine.
lesbian leispiach, bean n'
    tuí, Breanda na
    Breille, Brídín na

pluaise dorcha, gliaire
na gáige, Síle na
ngág, strapairlín;
*(also more commonly
meaning 'tom-boy')*
buachaill báire,
Muireann i mbríste.

lick

He's a lick.
Is maidrín lathaí é.

lie-in

to have a lie-in
codladh go headra

life

Get a life!
Tar ar do chiall!

light

The light's are on,
Ted, but there's
nobody home!
Tá na soilse ar
lasadh, Ted, ach níl
éinne sa bhaile!

lighten

Lighten up, will you!
Ná dean glámhánach
iomlán díot féin!, Ná
bí i do chlamhsán
cruthanta!

like

Have you ever seen
the like?
An bhfaca tú a

leithéid riamh!
He just laughed, like.
Ní dhearna sé ach
gáire, bhfuil 'is at.
Like I care!
Agus tá mise buartha
faoi! *(see also: Go 2)*.

lip

Less of your lip!
Ní beag de
ghearrchaint sin
uaitse!
lip-service
béalghrá

load

It's a load of rubbish.
Is carn bruscair é.
It's a load of crap!
Is carn aoiligh é!
I have loads of work
to do.
Tá carn mór oibre le
déanamh agam.

loaded

They are loaded with
money.
Tá lob mór airgid acu
siúd., Tá na múrtha
acu.
(drunk) dallta

loco

He's loco.
Tá lúb ar lár ann.

loll

    to be lolling about
bheith ag
sínteoireacht timpeall

lolly

    **They've loads of
lolly.**
Tá lob mór acu siúd.

loo tigín beag, tigh an
asail

    **I'll just pop into the
loo.**
Buailfidh mé isteach
sa tigín beag.

    Where's the loo?
Cá bhfuil an seomra
faoisimh?

looker

    She's a real looker.
Is mór an chuid súl í.

loon

    He's a loon!
Is madra mire é!

loony-bin

    He's in the loony-bin.
Tá sé i dteach na
ngealt.

loopy

    She's loopy.
Is duine le Dia í.

loose

    to be on the loose
ag imeacht le scód

    I'm at a loose end.
Táim tuirseach de mo
dhóigh.

loot creach

lorry

    **It fell off the back of
a lorry.**
Thit sé anuas den
chairt., Goideadh é.

lose

    He lost his cool.
Chaill sé guaim air
féin.

    Get lost!
Go dtóga an diabhal
thú!, Bain as!, Croch
leat!

lounge

    to be lounging about
bheith ag leadaíocht

lout bodach

louse 1

    He's a louse!
Is sor é.

louse 2

    **to louse up the whole
thing**
cifle a dhéanamh den
rud iomlán

lousy

    **He gave me a couple
of lousy dollars for
all my work!**

Thug sé cúpla dollar
suarach dom ar son
mo chuid oibre go
léir.
**What a lousy thing to
do.**
Nach é an suarachas
féin a leithéid a
dhéanamh.
We had a lousy time.
Ba shuarach an t-am
a bhí againn.

love
I'm home, love!
Tá mé sa bhaile, a
stór!
**Be a love and get me
the saw!**
Bí go deas is faigh an
sábh dom!
to make love to her
grá a dhéanamh léi,
suirí léi
**Will you make love
to me?**
An luífidh tú liom?
Make love not war!
Grá in áit cogaidh!

love affair cumann grá
**They are having a
love affair.**
Bíonn siad ag suirí
lena chéile.

lover
He's a lover of opera.
Is duine mór
ceoldrámaí é.

lover-boy
**Is lover-boy coming
over tonight?**
An bhfuil an
gheanpharóid ag
bualadh isteach
anocht?

lovey-dovey
**And now they're all
lovey-dovey again.**
Agus anois bíonn cad
é boghaisíní grá
eatarthu arís.

low
**He's a bit low these
days.**
Bíonn sé in ísle brí na
laethanta seo.
**Things are really at
an all-time low in
football today.**
Bíonn cúrsaí in umar
na haimléise maidir
leis an pheil inniu.

lug
**I don't want to be
lugging a coat round
with me!**
Ní theastaíonn uaim

bheith ag streachailt
cóta timpeall liom!

lughole poll na cluaise
**He gave me a belt in
the lughole.**
Thug sé basóg sa
chluas dom.

lumbered
**I got lumbered with
everything.**
Carnadh gach uile
shórt ormsa.

luv(vy) a stór, a stóirín

M

mad
He's mad about her.
Tá sé scafa chuici.
**I was working like
mad.**
Bhí mé ag obair ar
nós an diabhail féin.

madam
**She's a bit of a
madam.**
Bíonn iarracht den
bhean mháistriúil
inti.

madman gealt
madhouse teach buile

**It's like a mad-house
here.**
Tá an áit seo cosúil le
teach gealt.

madness buile
**It's sheer madness to
do it.**
Díth céille ar fad é a
leithéid a dhéanamh.

make 1
He's on the make.
Ag dul ar an mbreis
atá sé.

make 2
**Make like you know
nothing.**
Lig ort féin nach
bhfuil dada ar eolas
agat.

man
**Who's your man over
there?**
Cé hé mo dhuine
thall ansin?

manky míolach
marbles
He's lost his marbles.
Chaill sé é., Chaill sé
a chiall.

mate comrádaí, cara
school mate
comrádaí scoile
Thanks, mate!

Go raibh míle, a
chara dhil!
**He's no mate of
mine!**
Ní aon chara domsa
eisean.

matey
**Watch yourself,
matey!**
Fainic thú féin, a
mhic!
**Don't get too matey
with with him.**
Ná déan cara de!

max
working to the max
ag obair ar lánluas
**It will take a week,
max.**
Tógfaidh sé seachtain
ar a mhéad.

mean
She's a mean dancer!
Is deacair í a shárú ar
urlár rince!
**Liam makes a mean
mussel curry!**
Ní don té
fannchroíoch curaí
diúilicíní de chuid
Liam!

meat
You're dead meat!

Jab don adhlacóir
tusa!

mega- ábhal-, oll-
It's mega-big!
Tá sé go hábhalmhór.
mega-careful
oll-aireach
**They are making
mega-strides in
genetics.**
Bíonn
ábhalchéimeanna á
dhéanamh acu sa
ghéineolaíocht.
**They are really mega-
rich.**
Tá gach uile shórt
d'ollmhaitheas acu
siúd.

megabucks airgead
ollmhór

merchant
**He's a bit of a speed
merchant when he's
in his car.**
Bíonn sé sórt tugtha
don luas mór agus é
ag tiomáint a chairr.
gossip merchants
lucht an bhéadáin

merry *(slightly drunk)*
meidhreach, súgach

mess 1
  Stop messing!
  Cuir uait an
  phleidhcíocht!
  He was messing
  about.
  Bhí sé ag pleidhcíocht
  thart.
mess 2 prácás
  What a mess!
  A leithéid de
  phrácás!
  to make a mess of it
  prácás a dhéanamh
  de
  Everything was in a
  mess.
  Bhí gach rud
  bunoscionn.
messer pleidhce;
  (botcher) ablálaí
  He's a dreadful
  messer.
  Is pleidhce/ablálaí
  uafásach é.
messy abláilte
  messy work
  obair abláilte
  messy food
  prácás bia
  messy answer
  prácás freagra

Mick *(Irishman)* Páidí
  Stop taking the mick!
  Ná bí ag déanamh
  magarláin díom!
Mickey Finn deoch
  suain
  She gave him a
  Mickey Finn.
  Thug sí deoch suain
  dó.
Mickey Mouse
  It's a real Mickey
  Mouse concern.
  Is gnó-bhothán-mo-
  mháthar é gan aon
  dabht.
Mike
  For the love of Mike!
  In ainm Chroim!
miles
  That's miles better.
  Tá sin i bhfad
  Éireann níos fearr.
million dollars
  You look like a
  million dollars.
  Tá cuma ort faoi mar
  a bheadh an Lotto
  buaite agat.
  Not for a million
  dollars!
  Ní ar airgead an
  domhain!

mind
> He's out of his mind
> with worry.
> Tá sé as a mheabhair
> le teann imní.

mind-blowing
> It was mind-blowing.
> Ba bhuille treascrach
> é.

minder feighlí
> I don't need a
> minder.
> Ní bhíonn feighlí
> pearsanta de dhíth
> ormsa.

missis
> Is the missis at home?
> 'Bhfuil an mháistreás
> sa bhaile?, 'Bhfuil í
> féin sa bhaile?

mitts lapaí
> Get your mitts off me!
> Bain do lapaí díom!

mix-up meascán
> mearaí
> There was a bit of a
> mix-up.
> Tharla meascán
> mearaí.
> There was a mix-up
> over dates.
> Meascadh suas na
> dátaí.

mo
> Wait a mo!
> Fan soic!

mob gramaisc
> the Mob
> drong choiriúil, na
> gangstaeir

mobster gangstaer

money
> He's in the money
> now.
> Tá sé ag carnadh
> airgid anois.

monkey 1
> monkey business
> pleidhcíocht
> to have a monkey on
> one's back
> bheith go mór faoi
> anáil na ndrugaí

monkey 2
> He's always
> monkeying around
> with her!
> Bíonn sé i gcónaí ag
> gleacaíocht timpeall
> léi.

monty
> the full monty
> gan snáithe ort
> He did the full
> monty.

Rinne sé struipeáil go dtí nach raibh snáithe ar bith fágtha air féin.

moo
> **She's a silly moo!**
> Is bó bhómánta í!

mooch
> **to mooch about**
> ag scraisteacht timpeall

moody spadhrúil
> **He's a moody person.**
> Is duine spadhrúil é.
> **She's a bit moody today.**
> Tá stodam de shórt uirthi inniu.

mooning
> **He was mooning in front of the girls.**
> Bhí sé ag taispeáint a mhása nochta os chomhair na gcailíní.

moonshine poitín
> **making mooshine**
> ag déanamh poitín

morning glory adharc fir ar éirí dó ar maidin
> **What's the story, morning glory?**
> Cén scéal é, a adhairc ghlé, i dtús an lae?

moron uascán

> **He's a useless moron!**
> Is uascán gan mhaith é!

moronic uascánta
> **I've never heard anything so moronic in all my life.**
> Níor chuala mé aon rud chomh huascánta sin le mo shaol.

mother-fucker *(Nothing quite as strong in the Irish language)*
> **Some mother-fucker stole my pen!**
> Ghoid collach cholaí éigin mo pheannsa!
> *(**collach** = crude person; **colaí** = incest)*

mother-fucking *(Nothing quite as strong in the Irish language)*
> **Where's that mother-fucking bastard gone now?**
> Cá bhfuil an bastard corbach de chollach cholaí imí' anois?

motormouth buimbiléir, gleoisín, glagaire, giolcaire, geabaire, scaothaire

mouth 1

You've a big mouth!
Tá luth na teanga
leat!, Tá béal chomh
mór le Doire ort!
Watch your mouth!
Éist do bhéal!
He's a mouth!
Tá béal scaoilte air.

mouth 2

**He was just mouthing
off!**
Ní raibh sé ach ag
geabaireacht.

mouthful

**You've said a
mouthful!**
Ní beag a bhfuil ráite
agat!

move

to get a move on
brostú
Let's get a move on!
Cuirimís chun siúil!
Move your ass!
Bog do thóin!

muck

**I never read such
muck.**
Níor léigh mé choíche
salachar dá leithéid.
He only eats muck.
Ní itheann sé ach

prácás bia.
**to be raking up muck
on him**
bheith ag tochailt
faoina cháil

mug

an ugly mug
smut mosach
**I looked like a right
mug.**
Bhí cuma an
dobhráin chruthanta
orm.
mug-shot
gnúis-ghrianghraf
I felt like a mug.
Mhothaigh mé mar
iascaire *(ag obair)* i
siopa táiliúra.

muggins

**And muggins here
does all the work.**
Agus mise, an
sclábhaí paróiste a
dhéanann an obair go
léir.
**No one knows that
better than muggins
here!**
Níl éinne is fearr a
fhios sin ná atá ag an
mac seo!

79

N

mule

He's as stubborn as a mule.

Tá sé chomh ceanndána le muc.

He's hung like a mule.

Tá trealamh asail faoi.

murder 1

It was murder.

Bhí sé cosúil le hifreann *(ach níos measa fós)*.

Standing all day is murder on your feet!

Is fearr pianta ifrinn ná bheith i do sheasamh ar do chosa an lá ar fad!

murder 2

I could murder a fag!

D'fhéadfainn m'anam a dhíol d'fhonn gal a chaitheamh!

mush

Hey, mush, what are you doing there?

Hóigh, a mhicín, cad tá á dhéanamh agatsa ansin?

nab

I want to nab Seán before he leaves.

Teastaíonn uaim greim a bhreith ar Sheán sula n-imíonn sé.

naff

Naff off!

Breast thú!

nagging

nagging pain
pian sháiteach

nagging worry
imní sheasta

nagging doubt
amhras dochloíte

namby-pamby

He's a namby-pamby type.

Is boigeartán é.

nancy-boy piteog, neans

nap

to have a nap during the day
néal a chodladh i gcaitheamh an lae

He was caught napping.

Rugadh gairid air.

narked
    I was narked when I
    heard.
    Bhí múisiam orm
    nuair a chuala mé.
narky
    narky person
    duine cantalach
nasty
    She's a nasty piece of
    work.
    Is mailíseach an
    raicleach í.
natter
    to have an natter
    cadráil a dhéanamh
    to spend the whole
    night nattering away
    an oíche ar fad a
    chaitheamh ag cadráil
neat
    That was neat, the
    way you did that!
    Ba dheaslámhach an
    tslí a ndearna tú é
    sin!
    Neat idea!
    Smaoineamh snasta!
neck
    They were neck and
    neck!
    Bhí siad gob ar ghob!
    She has a hell of a

neck!
Nach dána an
t-éadan atá uirthi!
You've got some
neck!
Nach dána an mhaise
duit!
I'll get it in the neck!
Beifear anuas ormsa
dá dheasca!
needle
    to needle a person
    duine a ghriogadh
    He's always needling
    me.
    Bíonn sé do mo
    ghriogadh i gcónaí.
nelly
    Not on your nelly!
    Ní ar ór na cruinne!
nerd raiblín
    He's a nerd.
    Is raiblín é.
nerdy
    It's a nerdy thing to
    do.
    Is rud é a dhéanfadh
    raiblín.
never-never
    on the never-never
    ar chíoscheannach
nibs
    his nibs

é féin
her nibs
í féin
their nibs
iad féin
Is his nibs at home?
An bhfuil é féin sa
bhaile?

nice
Nice one, Seán!
Ceann deas, a Sheáin!

nick 1
in the nick of time
ar an nóiméad lom
**a car that's in fairly
good nick**
carr a bhfuil bail
mheasartha mhaith
air

nick 2
to nick a pen
peann a sciobadh
**He got nicked for
shoplifting.**
Gabhadh i mbun
gadaíocht siopa é.

nickel
**It's not worth a
nickel.**
Ní fiú cianóg rua é.

nifty
It's a nifty gadget.
Is snasta an gaireas é.

nipper *(child)* giotachán

nip
**There's a nip in the
air.**
Tá bearradh fuar san
aer.

nippy feanntach
It's a bit nippy today.
Tá sé pas beag
feanntach inniu.

nit(wit)
You're a right nit!
Is cloigeachán ceart
thú!

nob *(eejit, geek)*
**I can't stand him –
he's a nob.**
Ní féidir liom cur
suas leis – is gámaí é.
*(see also: **knob**)*

noddle blaosc, cloigeann
Use your noddle!
Bain úsáid as a bhfuil
idir na cluasa agat!

no-no
It's a no-no.
Ní dhéantar é sin.

nookie
**to have a bit of
nookie**
dreas den lapadaíl
leapa a dhéanamh

nose 1
> **She had a nose job done.**
> Rinneadh máinliacht athdheilbhithe ar a srón, Rinne jab ar a sron.
> **Keep your nose clean!**
> Ná cuir smál ar do chóipleabhar!
> **She has a nose for bargains.**
> Is maith an tsúil atá uirthi i gcomhair margaidh ar bith.

nose 2
> **to be nosing about**
> bheith ag sróiníneacht/ smúrthacht timpeall

nosy-parker giolla gan iarraidh, geafaire
> **Don't mind that nosy-parker!**
> Ná bac leis an gheafaire úd!

nothing doing
> **Are you going to help her? Nothing doing!**
> An bhfuil tú chun cabhrú léi? Baol orm!

nowt faic
> **There was nowt left.**
> Ní raibh oiread na fríde fágtha.

nudge nudge, wink wink...
> **He's her friend, nudge nudge, wink wink.**
> Is eisean a cara agus is leor sméideadh don dall nó leathfhocal i gcluas an bhodhair.

nuke
> **Nuke the lot of them!**
> Scroistear iad go léir le buamaí núicléacha!

number
> **His number is up.**
> Tá a chnaipe déanta.

numb-skull balbhán

nut gealt

nutcase
> **She's a nutcase.**
> Tá sise le broim.

nuthouse gealtlann
> **in the nuthouse**
> sa ghealtlann

nuts
> **He's nuts.**
> Tá sé le broim.
> **She's going nuts.**
> Tá sí ag gabháil le broim.

nutter duine craiceáilte

nutty craiceáilte

O

oddball
    He's an oddball.
    Is corrdhiabhal é.
odds
    It makes no odds!
    Is é an dá mhar a
    chéile é!
    **It makes no odds
    what I say.**
    Is cuma cad a
    déarfaidh mise!
    What are the odds?
    Cad é an corrlach?
off-the-wall
    **This kind of
    advertising is really
    off-the-wall.**
    Ní bhíonn bun ná
    barr ag baint lena
    leithéid
    d'fhógraíocht!
oik cábóg
    **You're not going out
    with that oik, are
    you?**
    Ná habair go bhfuilir
    ag dul amach leis an
    gcábóg sin!

old
    **the old-fellow at
    home**
    an seanleaid sa bhaile
    the old woman
    an tseanbhean
oldie
    the golden oldies
    na pinsinéirí órga
on
    **Are you on for the
    Saturday?**
    'Bhfuil tú ceart go
    leor don Satharn?
    I'm on!
    Táim reídh!, Beidh
    mise ann!
    I'm not on!
    Fágtar mise as!
    **He took my hat on
    me.**
    Thóg sé mo hata
    orm.
    **What's he going on
    about all the time?**
    Cad faoi a bhfuil
    seisean ag geoiníl an
    t-am ar fad!
    **He's always going on
    at me.**
    Bíonn sé i gcónaí
    sáite asam.

one
He's had one to many.
Bhí braon thar an gceart ólta aige.
I thumped him one.
Ghabh mé de mo dhorn air.
You're a right one, you are!
Bheul, nach tusa an páit!

oodles
They have oodles of money.
Tá an dúrud airgid acu.
We've oodles of that stuff.
Tá na múrtha den stuif sin againn.
We've oodles of time.
Tá greadadh den am againn.
Oodles of fun!
Spraoi síoraí!

oomph
That song lacks any oomph.
Níl aon spionnadh san amhrán sin.
A drink that has oomph!

Deoch a bhfuil cic inti!

orgasmic
This chocolate is orgasmic!
Tá an tseacláid seo níos fearr ná an gnéas é féin!

OTT thar fóir (ar fad)
That's OTT!
Ta sin thar fóir!
If you ask me this new wallpaper is really OTT.
Dá gcuirfeá an scéal i mo cheadsa déarfainn féin go bhfuiltear ag dul thar fóir ar fad leis an bpáipéar balla nua seo!
She went completely OTT when she heard about it.
Chuaigh sí as a crann cumhachta ar fad nuair a chuala sí faoi.

out
He's out of it.
Tá sé caite i gcártaí.
I felt a bit out of it.
Mhothaigh mé nach raibh iarraidh orm.
She really went all

out.
Rinne sí a seacht
ndícheall.
Hear me out!
Éist liom go deireadh
mo scéil!
**That was a bit out of
order!**
Bhí sin ag éirí pas
beag iomarcach.

P

pack
He was packing a
piece.
Bhí gunna faoi cheilt
aige.
I sent him packing!
Thugas an bóthar dó!
**It's time for us to
pack it in.**
Tá sé in am dúinn an
tuáille a chaitheamh
isteach.
(plural) **Pack it in!**
Eirígí as!
packet
That cost a packet.
Bhí paicéad airgid air
sin.

She earns a packet.
Tuilleann sí carn mór
airgid.
pad
You can crash at my
pad if you want.
Is féidir leat bualadh
fútsa i mo
phrochógsa, más
mian leat?
**He has a small pad in
town.**
Tá pluaisín beag aige
sa chathair.
Paddy Páidín
(Éireannach,
Irishman*)*
pain
He's a pain!
Is pian é!
**He's a pain in the
arse!**
Is pian sa tóin é!
pal comrádaí
to become pals with
him
mór a dhéanamh leis
pal around
They palled around
together.
Bhí siad mór lena
chéile.
palsy-walsy
They became real

palsy-walsy.
D'éirigh siad an-mhór
le chéile.
pansy *(effeminate man)*
piteog
pants
**You scared the pants
off me.**
Is beag nár bhain tú
an t-anam asam leis
an scanradh!
**She bored the pants
off me.**
Chuir sí ciapóga orm.
(rubbish)
That's pants!
Is amaidí é sin!
paralytic
He was paralytic.
Bhí sé dallta ag an ól.
park
**He parked himself
beside the fire.**
Chuir sé faoi in aice
na tine.
party
**He's a real party
animal.**
Is croí na cuideachta
ag cóisir ar bith é.
party-pooper
seargánach (na)
cóisire

pass
**She made a pass at
me**
Chuir sí chun tosaigh
orm., Chaith sí
catsúile liom.
past
He's past it.
Tá a lá imithe.
paws
**Gets your paws of the
money!**
Bain do lapaí den
airgead!
pay-off íocaíocht
peach
She's a peach!
Is aisling *(ina
seasamh)* í!
peanuts
**Pay peanuts and you
get monkeys!**
Ní cheannófá capall
oibre ar réal!
**We were paid
peanuts.**
Fuair muid pinginí
mar phá.
pecker
Keep your pecker up!
Ná caill do
mhisneach!

pee
> I'll just go for a pee.
> Scaoilfeadsa cnaipe.
> **Pee off!**
> Gread leat!
> **I felt peed off.**
> Bhraith mé an-leamh
> ionam féin.
> **to be peed off with**
> **the whole thing**
> bheith bréan
> tuirseach den rud go
> léir.

peep-show gíoc-seó
peeping-Tom gliúmálaí
penny
> I have to spend a
> penny.
> Tá orm gnó beag a
> dhéanamh.
> **Has the penny**
> **dropped?**
> 'Bhfuil sé ag
> maidneachan fós?

perv saofóir
> He's a perv.
> Is saofóir é!

pew
> Have a pew!
> Cuir fút áit éigin!

pick up
> to pick up a girl
> cailín a phiocadh suas

pickled
> He was pickled.
> Bhí Loch Eirne ólta
> aige.

picnic
> It was no picnic.
> Ní aon turas
> aeraíochta a bhí ann.

piddling
> piddling little wage
> pá scallta prislíneach

piece
> a piece of cake
> chomh héasca lena
> bhfaca tú riamh
> **He wants a piece of**
> **the action.**
> Bíonn blas den
> chomhraic uaidh.
> **He was carrying a**
> **piece.**
> Bhí arm tine á iompar
> aige.

pie
> He has a finger in
> every pie.
> Bíonn ladhar i ngach
> aon ghnó aige.
> **It's all pie in the sky!**
> Caisleáin Óir!

pig 1
> pig in a poke
> muc i mála

He made a pig of himself.
Rinne sé cráin chraosach de féin.

pig 2

to pig out
craoslongadh a dhéanamh

piggy

And I was piggy in the middle.
Is mise an mála dornála ina lár.

pigsty

Your room is a right pigsty.
Is brocais cheart é do sheomra!

pig-ugly

She's pig-ugly.
Tá sí chomh gránna le muc.

pillock

He's a right pillock.
Is máinléad ceart é.

pinch

at a pinch
más gá

We felt the pinch.
Bhí an bhochtaineacht ag teannadh orainn.

pinhead ceann cipíní

piss

to go for a piss
imeacht chun múnadh

Piss off!
Bain as!

He was only taking the piss.
Ní raibh sé ach ag scigireacht.

(drunk) **pissed**
bealaithe go mór

Ar you taking the piss?
'Bhfuil tusa ag scige ormsa?

It was pissing rain.
Bhí sé ag stealladh báistí., ag múnadh feathainne.

to go on the piss
dul ar na cannaí

This beer is only piss!
Níl sa bheoir seo ach múnlach!

Stop pissing about!
Cuir uait an philibínteacht!

piss-artist pilibire, breoille

pissed bealaithe go maith, go mór

He was pissed.

Ní raibh aithne a
bheart aige.
**She was pissed out of
her mind.**
Bhí dhá thaobh an
bhóthair aici.

piss-take
**This is a piss-take,
right?**
Ag scigireacht atáthar
anois, nach ea?

piss-up
They had a piss-up.
Rinne siad babhta
diúgaireachta.
**We were having a
piss-up.**
Bhí muid ag taoscadh
na gcárt.

pits
It was the pits.
Ba é portach na
haimléise é.
You're the pits!
Is sor salach thú!

plastered
He was plastered.
Ní raibh féith ná
comhaireamh aige.

plastic cárta
creidmheasa/bainc
Do they take plastic?
An nglacann siad le

plaisteach?
**Can I pay with
plastic?**
An féidir liom íoc as
an bhille le cárta
creidmheasa?

plebs
**I don't have anything
to do with those
plebs.**
Ní bhíonn aon
bhaint agam leis an
ghramaisc úd!

plonk fíon saor gan
mhaith

plonker geoiste

plug
**to pull the plug on
the whole operation**
an gnó iomlán a
chaitheamh i gcártaí

pocket-billards
lárapóg lámh
**He was playing
pocket-billards.**
Bhí an dá lámh ina
phócaí agus é ag imirt
leis féin.

poison
Name your poison!
Cad a déarfá le deoch
- ormsa é!

poker-faced aghaidh

dholéite, aghaidh
dhothreáite

poky suarach beag cúng
poky little room
púirín de sheomra

pole
She's up the pole.
(BÁC) Tá sí sa chlub.

ponce 1 piteog

ponce 2
**I haven't time to be
poncing about, I have
work to do.**
Ní bhíonn an t-am
agam bheith ag
piteogacht timpeall,
tá obair le déanamh
agamsa.

poncey piteogach
poncey talk
caint phiteogach

pond *(the Atlantic)*
**He went across the
pond.**
Thug sé an loch
amach air féin.
**A big fish in a small
pond!**
Is mór na muca ina
gcró féin.
Rinne sé fuis fais den
smaoineamh.

poo-poo ca-ca

to do a poo-poo
ca-ca a dhéanamh

poof(ter)
He's a poofter.
Is fear an chaipín
bháin é.

pooh-pooh
**He pooh-poohed the
idea.**

pooped
I'm pooped.
Tá mé i mo phleist
leis an tuirse.

pop *(as in marriage
proposal)*
**Well, did you pop the
question to her yet?**
Bheul, ar chuir tú an
cheist chinniúnach
uirthi fós?

Pope
**Is the Pope a
Catholic?**
An Caitliceach an
Pápa?

porky gaimseog
to tell porkies
gaimseoga a insint

potty
He's potty about her.
Tá sé splanctha ina
diaidh.

poxy geabach, míolach

a poxy dress of some sort
gúna gearbach de chineál éigin

poxy teacher
múinteoir míolach

prat geoiste, pleibiste, matalóg

prattler clabaire, glagaire

preggers
She's preggers.
Tá sí torrach.

pressie féirín
to come without a pressie
teacht is an dá láimh chomh fada lena chéile

prick *(penis)* beaignit, bonsach, breáthacht fir, brainse, cab, claíomh, fadaíoch, feac, feadán, *(small)* fear beag, fichillín, gallán, gasán, géag, lansa, sabhán, *(BÁC)* Seán Tomás, siogairlín, sleá, slat; *(person):* bod, breall, bíc, breallaire, breallán, breallsún, bodachán
He's a prick.

Is bod é!

prick-tease bodchlip

prick-teaser bodchlipire

private parts
na baill ghiniúna

prize
No prizes for guessing who won.
Níl duais ag dul don té ar eol dó cé a bhuaigh.
prize fool
amadán duaise

pro 1 *(professional)*
He's a real pro.
Is fíorghairmiúil an tslí ina ndéanann sé gach rud.

pro 2 *(prostitute)*
I think she's only a pro.
Ceapaim nach bhfuil inti ach sráidí.

probs
No probs!
Fáilte romhat!

pronto
And do it pronto!
Agus déan go pras é!

psycho síceapatach
He's definately a psycho.
Is síceapatach gan

aon dabht é.

pub-crawl raimil óil
  to go on a pub-crawl
  dul ar raimil óil

pub-crawler raimeálaí óil

pubes scuabóg
  She has nice pubes.
  Tá scuabóg dheas
  uirthi.
  to trim the pubes
  an scuabóg a
  bhearradh

puff piteog
  He's a puff.
  Is piteog é.

puke
  **It would make you
  puke.**
  Chuirfeadh sé aiseag
  ort.
  **He puked his guts
  out.**
  D'aisig sé a raibh ina
  ghoile.

pull 1
  He was on the pull.
  Bhí sé ar lorg páirtí
  grá.
  He has a lot of pull.
  Tá lapa (gruagach)
  air/aige.

pull 2
  She worked hard to

**break the record and
finally pulled it off.**
Rinne sí obair chrua
chun an churiarracht
a shárú agus sa
deireadh tháinig léi.
**Pull the other one; it's
got bells on!**
(BÁC) Tarraing an
chos eile!, Ná féach le
ceap magaidh a
dhéanamh díomsa!

pump
  pumping iron
  ag tógáil meáchan

pumped riastartha
  He's really pumped.
  Tá sé chomh
  riastartha/féitheogach
  le Cú Chulainn féin.

punch
  It lacks punch.
  Níl aon chic ann.
  **She punched his
  lights out.**
  D'fhág sí gan aithne
  gan urlabhra é.

punk punc
  punk music
  ceol punc

punter custaiméir
  the usual punters
  na gnáthchustaiméirí

push 1
　　when push comes to shove
　　nuair a théann an scéal go cnámh na huillinne
　　at a push
　　ar uair na hachainí
push 2
　　He pushing forty.
　　Tá sé ar an taobh mícheart den daichead.
　　That's pushing it a bit.
　　Tá sin ag dul pas beag thar fóir.
　　Don't push your luck!
　　Ná cuir an iomarca i do mhála (gioblach)!
push-button
　　push-button society
　　saol na mbrúchnaipí
pushover
　　It's a pushover.
　　Is féidir é a dhéanamh gan stró ar bith.
pushy stróinéiseach
　　pushy person
　　sárachán
　　He's pushy.
　　Is stróinéisí é.

pussy puisín, an gairdín dorcha
　　You can't get any pussy in these parts.
　　Ní féidir fiú blas/boladh de a fháil sna bólaí seo.
put
　　I hear she puts herself about.
　　Cloisim go mbíonn iarracht den ghustóg inti., *(BÁC)* Cloisim go gcodlaíonn sí timpeall.
　　He was put away for a year.
　　Cuireadh i gcarcair ar feadh bliana é.
　　(drink) **He can really put it away.**
　　Nuair thosaíonn sé ag taoscadh siar bíonn cosa folmha air.
　　She's only putting it on.
　　Níl sí ach ag ligean uirthi féin.
　　I think he was trying to put one over on me.
　　Ceapaim go raibh sé ag iarraidh bob a

bhualadh orm.

put-up
  put-up job
  beart caimiléireachta
put up
  Either put up or shut up!
  Bí ann nó bí gann!
putty
  He's putty in her hands.
  Tá sé ar teaghrán aici.

Q

q.t.
  on the q.t.
  i ngan fhios
quack *(doctor)* potanálaí
  quack remedy
  leigheas maide
queen *(effeminate homosexual)*
  He's a queen.
  Is Síle é.
queer *(homosexual)*
  Is he queer?
  An fear chúldorais é?
queer-bashing
  They were sent to

prison for queer-bashing.
  Cuireadh i bpríosún iad mar rinne siad ionsaithe ar homaighnéasaigh.
quickie *(fast sex)*
  a quickie
  tuairteáil thapa *(idir na braillíní)*
quids
  Now we're quids in!
  Anois táimid ar sheol an braiche!
quim *(vagina)* gibhis

R

rabbit
  to rabbit on about something
  bheith ag geabaireacht gan stad faoi rud éigin
racket
  to kick up a racket
  racán mór a thógáil.
  I think it's a racket.
  Dar liomsa camastaíl atá ann.

radical *(cool, brill)*
    That's really radical!
    Tá sin go taibhseach!
rag
    I felt like a wet rag.
    Bhí mé gan
    spionnadh gan
    spreachadh.
    **I wouldn't wear that
    rag.**
    Ní chuirfinn an cheirt
    sin orm féin.
ragamuffin gioblachán
rake 1 réice, *(other
    spelling)* réic
    He's a bit of a rake.
    Tá iarracht den réice
    ann.
rake 2
    to rake in the money
    an t-airgead a
    shluaisteáil
randy adharcach
    I'm randy tonight.
    Tá mé go hadharcach
    anocht.
rap
    **I'll have to take the
    rap!**
    Mise a bheidh ag
    damhsa dá dheasca!
    *(i.e. on the end of a
    rope)*

rat 1 *(inform on)* sceith
    ar
    He ratted on me.
    Sceith sé ormsa.
rat 2
    **I couldn't give a rat's
    ass!**
    Is cuma sa tóin liom é!
ratty
    He's very ratty today.
    Tá seisean go han-
    drisíneach inniu.
raunchy
    raunchy story
    scéal rachtúil
    raunchy weekend
    deireadh seachtaine
    raillíochta
rave-up *(dance)*
    **We had a great rave-
    up last night.**
    Bhí an-oíche
    rampaireachta againn
    aréir.
raver ragairneálaí
    He's a real raver.
    Is ragairneálaí ceart é.
razor-edge
    **living life on a razor-
    edge**
    ag maireachtáil faoi
    mar a bheifeá ar
    bhéal rásúir

razzle-dazzle *(drinking binge)*
   to go on the razzle-dazzle
   dul ar bhabhta ólacháin

razzmatazz
   the razzmatazz of Hollywood
   taibhseacht Hollywood

readies
   Have you got the readies?
   An bhfuil an t-airgead ar láimh agat?

real
   Is he for real?
   'Bhfuil seisean i ndáiríre?
   Get real!
   Is mithid duit an taibhreamh a chur uait!

redneck cábóg

Reilly
   He has the life of Reilly!
   Bíonn saol an mhadaidh bháin aige!
   (BÁC) Tá saol Uí Rathallaigh aige!

rent boy buachaill óg a ligeann do homaighnéasaigh a chorp a úsáid ar phá le haghaidh dhlúth-chaidrimh ghnéasaigh.

retard
   Don't mind that retard!
   Ná bac leis an mhallintinneach úd!

ride 1 rampaire, rata *(man)* **good ride** rampaire maith
   She's a good ride!
   Bíonn sí go maith idir na braillíní!
   There is nothing better than a good ride.
   Níl aon rud níos fearr ná rampáil mhaith a dhéanamh.

ride 2
   He rides her.
   (BÁC) Bíonn sé á marcaíocht.

right
   Too right!
   Ní beag a bhfuil ráite agat!, Tusa adúirt é!
   Right on!

Mo cheol thú!
Right on, man!
Togha fir!

riot
  They ran riot.
  Chuaigh siad i
  bhfiáin., D'ardaigh
  siad callán mór.,
  D'imigh siad le scód.
  **She read him the riot
  act.**
  Léigh sí acht na
  círéibe dó.
  She's a riot!
  Nach mór an chraic í!

riotous
  riotous behaviour
  iompar callánach
  **We had a riotous
  time!**
  Bhí aimsir scléipeach
  againn.

rip-off 1
  rip-off artist
  fear gaimbín

rip-off 2
  **His business is
  ripping people off.**
  Gaimbíneachas a
  bhíonn ar siúl
  aigesean.
  What a rip-off!
  A leithéid de

ghaimbíneachas!
**He's trying to rip you
off.**
Tá sé ag iarraidh
caimiléireacht a imirt
ort.

rise
  **He's only trying to
  get a rise out of you!**
  Níl sé ach ag iarraidh
  straidhn a chur ort!

ritzy
  **Her new flat's very
  ritzy.**
  Is ríúil an t-árasán
  nua atá aici.

road-hog píoráid an
  bhóthair

roasting
  **She gave him a
  roasting.**
  Thug sí íde béil dó.
  I got a right roasting!
  Tugadh íde béil
  cheart domsa.

robbery
  **It was daylight
  robbery!**
  Gadaíocht i lár an lae
  ghil a bhí ann!

rock 1
  **The party is really
  rocking.**

Tá an chóisir faoi
lánseol!

rock 2
   **between a rock and a
   hard thing**
   idir dhá thine
   Bhealtaine

rocks
   **to get one's rocks
   off**
   faoiseamh collaí a
   bhaint amach
   **He got his rocks off
   with her.**
   Bhí collaíocht aige
   léi.
   (drink) **on the rocks**
   le ciúbanna oighir

rocker
   He's off his rocker.
   Tá sé imithe le
   craobhacha.
   **He went off his
   rocker.**
   D'imigh sé as a
   mheabhair.

rod *(penis)* slat, claíomh,
   bata feola, todóg,
   crann. *(see also:*
   prick*)*

roger
   **He was a Jolly Roger
   type!**

Croí gach uile
cuideachta ea ba an
sórt a bhí ann.
   to roger a girl
   cailín a phocáil

roll
   roll in the hay
   tuairteáil san
   fhéir
   I was on a roll.
   Bhí an t-ádh ag rith
   liom.

rolling
   **She had them rolling
   in the aisles.**
   Bhíodar in
   arraingeacha gáire
   aici., Chuir sí iad sna
   trithí ag gáire.
   **They're rolling in
   money.**
   Tá siad ar maos le
   hairgead.

rollicking
   **I got a right
   rollicking.**
   Tugadh íde na muc
   agus na madraí
   dom.

rot
   Don't talk rot!
   Ná bí ag caint
   ráiméise.

rotten
> He's a rotten speaker.
> Mar chainteoir, ta sé
> go lofa.
> **Rotten luck!**
> Nach ortsa an mí-
> ádh!
> **rotten weather**
> aimsir ghránna
> **rotten job**
> jab suarach
> **rotten to the core**
> lofa go smior
> **I'm feeling rotten.**
> Táim i ndeireadh na
> péice.

rotter suarachán

rough 1
> **You've got to take the
> rough with the
> smooth.**
> Ní bhíonn rós gan
> dealg.

rough 2
> **to have it rough**
> saol crua bheith agat
> **at a rough guess**
> mar bhuille faoi
> thuairim
> **He gave me a rough
> time of it.**
> Thug sé cíorláil dom.

rough 3
> **They roughed him
> up.**
> Thug siad rúscáil dó.

rough and tumble
> **the rough and tumble
> of life**
> cora crua an tsaoil

royally
> **I was royally
> screwed.**
> Rinneadh ceirt
> leithris díom.

rub
> **They rubbed him out.**
> Chuir siad cos i bpoll
> leis.

rubber rubar, coiscín
> **to wear a rubber**
> rubar a chaitheamh

rubbish ráiméis
> **Don't talk rubbish!**
> Ná bí ag caint
> ráiméise!
> **That's utter rubbish!**
> Ráiméis amach is
> amach é sin!
> **That was a rubbish
> film!**
> Ní raibh sa scannán
> sin ach
> ráiméis/seafóid
> cheart!

ruddy dearg
　You're a ruddy
　disgrace!
　Is deargnáire thú!
　It's a ruddy lie!
　Is deargéitheach é!
　ruddy nuisance
　crá saolta
runner
　He did a runner.
　Bhain sé na bonnaí as
　an áit.
running jump
　He can take a
　running jump
　at himself!
　Is féidir léis feadaíl
　san aer!
rust-bucket
　You're not taking us
　out in that old rust-
　bucket!
　Níl sé ar intinn agat
　sinne a thógáil amach
　sa seanghliogramán
　meirgeach sin!
rusty
　My Irish has gotten a
　little rusty now.
　Gaeilge a chodail
　amuigh atá agam
　anois.

S

sack
　Is she any good in the
　sack?
　An bhfuil sí go maith
　sa leaba?
　I was given the sack.
　Tugadh bata agus
　bóthar dom.
sad
　He is sad!
　Is truamhéalach an
　cás é!
　What a sad bastard!
　Nach truánta an
　bastard é!
　How sad can you get!
　Nach é an
　truaínteacht atá dulta
　chun ainchinn ar fad
　é sin!
　She has really sad
　taste in music.
　Is cúis ghoil é an
　easpa céille atá aici
　maidir le ceol.
sandwich
　She's one sandwich
　short of a picnic.
　Tá cos léíse i dteach
　na ngealt., Ní hí an
　scilling iomlán í.

He wanted to give me
a knuckle sandwich.
Theastaigh uaidh
blaisín dá dhorn a
thabhairt dom.

sap

Poor sap!
An gámaí bocht!
I'm not playing the
sap for you!
Níl mise chun bheith
i mo cheap milleáin
agatsa.

sausage

Not a sausage!
Níl fiú oiread na fríde
ann!
You silly sausage!
A amadáin na gcluas
fada!

savvy

Have you no savvy at
all?
Nach bhfuil aon
chiall agat?
a savvy woman
bean eolach ar
bhealaí an tsaoil

scabby

It was a scabby thing
to do.
Ba shuarach a rud é a
dhéanamh.

scanky

It was a scanky dress!
B'urghránna é mar
ghúna!

scaredy-cat

He's a scaredy-cat!
Tá an chré bhuí ann.

scarper

He scarpered.
Bhain sé na bonnaí as
an áit., D'imigh sé de
sciotán., Sciurd sé
chun bealaigh.

schizo

He's a schizo!
Is scitsifréineach é!

schmuck

I think he's a right
schmuck!
Ceapaim gur gamal
ceart é!

scoff

She scoffed at the
whole idea.
Rinne sí beag den
smaoineamh
iomlán.

scoot! Gread leat!

scorcher

Today was a real
scorcher!
Ba scallta an lá é
inniu!

score

What's the score?
Cad tá ag tarlú?
He knows the score.
He didn't do his
homework, so it's
detention.
Tá fios an scéil go
maith ar eolas aige.
Ní dhearna sé an
obair bhaile agus
ciallaíonn sin go
gcoinneofar isteach é.

scrap

to get into a scrap
with him
dul in adharca leis
The two of them
were in a scrap.
Bhí a bheirt acu in
adharca a chéile.
He was always
getting into scraps.
Bhíodh sé ag troid is
ag bruíon i gcónaí.

scratch

to start from scratch
again
tosú ón scríoblíne arís
if he doesn't come up
to scratch
mura gcruthaíonn sé
go maith

scream

She's a scream!
Bhainfeadh sí gáire as
an gcat!

screw 1

He has a screw loose.
Is duine le Dia é., Tá
lúb ar lár ann.
He wants a screw.
Tá gnéas uaidh., Tá
sé go hadharcach.
She's a screw.
Is bodóinseach í.
They put the screws
on him.
Chuir siad faoi luí na
bíse é.

screw 2

I was rightly screwed.
Ba thubaisteach an
bhail a cuireadh orm.
I wanted to screw
her.
Theastaigh uaim fad
dem shlat a thabhairt
di.
Screw you!
Go bhfeisie an
diabhal thú!
You've really screwed
things up this time!
Rinne tú ciseach
cheart de gach uile
shórt an uair seo!

screw-up
   It was a complete
   screw-up!
   Rinneadh praiseach
   iomlán de.
screwy ait, craiceáilte
   screwy idea
   smaoineamh
   craiceáilte
scrub *(USA)* duine gan
   mhaith
scrubber gáirseach
   She's a scrubber.
   Is gáirseach í.
scrummy bagánta,
   neamúil
scum screamh
   the scum of the earth
   scrobhlach an tsaoil
   seo
scum-bag mála screimhe
   He's a scum-bag!
   Mála screimhe é!
scum-bucket buicéad
   screimhe
   He's a scum-bucket.
   Screamhachóir
   suarach é.
scummy screamhach
   **It was a scummy
   thing to do.**
   Ba screamhach an
   rud é a dhéanamh.

search
   Search me!
   Ná féach ormsa!, Ná
   bí ag féachaint
   ormsa!
sec
   Wait a sec!
   Fan soic!
serious
   **to make serious
   money**
   airgead mór a
   dhéanamh
   You can't be serious!
   An ag magadh atá
   tú?!
   **We did some serious
   drinking last night.**
   Rinneamar taoscadh
   fada/diúgaireacht
   mhór aréir., Bhí muid
   ag taoscadh siar
   amach go maith san
   oíche aréir.
seriously
   **She is seriously
   stupid.**
   Tá an bhómántacht
   thar cailc ar fad
   inti!
   He is seriously sexy.
   Is é an gnéas ina
   sheasamh é!

set
>**It set me back $90.**
>Bhain sin siar nócha
>dollar mé.

set-up
>**It was a strange set-**
>**up.**
>B'aisteach an socrú a
>bhí ann.
>**It was a set-up.**
>Ba chluain é.

sex gnéas, suirí, leathar
>**sex-kitten**
>puisín suirí
>**to have sex**
>suirí a dhéanamh
>**Did you have sex last**
>**night?**
>An bhfuair tú an
>craiceann aréir?
>**He's only ever**
>**interested in sex.**
>Ní bhíonn i gceist
>choíche aige siúd ach
>cúrsaí leathair.

sexpot
>**He's a sexpot.**
>Is bodmhadra é.
>**She is a sexpot.**
>Is bodóinseach í.

sex-shop sex-siopa
sex-starved
>**He's sex-starved.**

Easnamh gnéis a
bhíonn air.
>**She looks sex-starved.**
>Tá cosúlacht de
>bhrocaire faoi adhall
>uirthi.

shack up
>**He has shacked up**
>**with her.**
>Tá sé dulta i dtíos léi.
>**shacked up together**
>i gcomhthíos lena
>chéile

shades
>**Where did you get**
>**the shades?**
>Cá bhfuair tú na
>gloiní gréine?

shafted
>**I got shafted.**
>Chuaigh mé sa dol.

shag
>**She's a good shag.**
>Is breá sa diallait léi.
>**to have a shag**
>dul sa diallait

shakes
>**I'll be there in two**
>**shakes of a lamb's**
>**tail!**
>Beidh mé ann sula
>mbeidh 'Dia le
>m'anam' ráite agat!

He's really no great shakes!
Ní chuirfeadh seisean fiú an citeal ag gol!,
Ní fiú mórán é!

sharpish
Look sharpish!
Cuir dlús leis!

shebang
and the whole shebang
agus na mangaisíní go léir

shift
to shift a girl
fáiméad a thabhairt do chailín, cailín a phógadh

shifty
He's a shifty looking character.
Tá cuma den chluanaire lúbach air.
shifty eyes
súile corracha

shiner
She gave him a shiner.
D'fhág sí a mhala ar a shúil aige.

shit cac, cacamas
No shit!
Gan aon chac!
He's a shit!

Is gob i gcac é!
He takes no shit!
Ní chuireann sé suas le cacamas ó éinne!
I don't give a shit!
Is cuma sa tóin liomsa!
They treated me like shit.
Chaith siad liom mar chacamas.
up shit creek without a paddle
suas crompán an chacamais gan chéasla
Shit happens! Chomh fhad an chraic, tagann an cac! *(play on proverb: Chomh fhad an oíche, tig an lá.)*
He's a little shit.
Nach é an goibín cacamais., Is píosa cacamais é., Is cac ar oineach é.
I don't need this shit!
Ní gá domsa cur suas lena leithéid de chacamas!
Different place, same shit!
Áit eile ach an cacamas céanna!

SHITE

I feel like shit today.
Táim ag aireachtáil
mar chac inniu.
I was shit scared.
Bhí buinneach orm le
teann eagla.
shite cacamas
That's load of shite.
Is carn cacamais é sin
go léir.
Don't talk shite!
Ná bí ag caint
cacamais!
I don't give a shite!
Is cuma sa tóin
liomsa!
shitless
I was scared shitless.
Chalc an cac ionam le
scéin.
shitload
**a whole shitload of
trouble**
carn cacamais de
thrioblóid
shit-stirrer
He's a real shit-stirrer.
Cothaitheoir an
chacamais é!
shitty
**It was shitty weather
– it rained all the
time.**

SHOTGUN WEDDING

Bhí sé ina chac báistí
an t-am ar fad.
shitty thing
rud caca
shitty work
cacamas oibre
shoot
to shoot the breeze
bheith ag
gaothaireacht
shoot-'em-up scannán
lámhachais
shoot up *(to take a
narcotic)* druga a
chaitheamh
shot
He did it like a shot.
Rinne sé é mar a
bheadh splanc ann.
a shot in the dark
buile faoi thuairim
He's a big shot.
Is boc mór é.
I'll have a shot at it.
Féachfaidh mé mo
lámh leis.
shotgun wedding
**He had a shotgun
wedding.**
Máirseáladh chun na
haltóra é le gunna
lena cheann.

shout

It's my shout!

Ormsa an deoch seo!

shove

Shove off!

Tóg ortsa!

show

He made a show of himself.

Rinne sé sceith béil de féin., Rinne sé feic de féin.

Don't make a show of yourself!

Ná déan feic díot féin!

shut

Shut your face!

Dún do ghob!

Shut the front door! *(euphemism for: Shut the fuck up!)*

Dún do bhéal suas!

shut-eye

to get a bit of shut-eye

spuaic codlata a fháil

sick

I'm sick to death of it.

Táim bréan dóite de.

It makes me sick.

Cuireann sé masmas orm.

sick joke

greann déisteanach, cleas suarach

sight

I can't stand the sight of him.

Ní lú orm an sioc ná é!

You're a sight for sore eyes!

Is tusa an eorna nua thú!

What a sight you are!

Nach tusa an feic!

Out of my sight!

Fág mo radharc!

sissy cábún, piteog

Don't be a sissy!

Ná bí i do chábún!

It was a real sissy thing to do.

Ba é an rud a dhéanfadh piteog cheart.

six-pack

He's got a great six-pack!

Nach teann tréan iad na matáin bhoilg atá air!

sixty-nine

Lets do a sixty-nine!

Déanaimis seasca

naoi! *(suíomh áirithe na gcorp le linn caidrimh chollaí)*

skinful
She's had a skinful.
Tá lán a boilg ólta aici.
He had a skinful last night.
D'ól sé an cába Chríost aréir.

skinflint cníopaire
He's a skinflint!
Is cníopaire é!

skint
I'm skint.
Níl pingin rua agam.

skirt
a bit of skirt
píosa den sciorta
He's always looking for a bit of skirt!
Bíonn sé i gcónaí ar lorg sciorta éigin!

skive 1
skiving off from school
ag éalú ón scoil

skive 2
Do Home Economics – it's such a skive!
Déan Eacnamaíocht Bhaile/Tíos – is bua

gan dua é!

skivvy bean *(i mbun)* scuaibe

slack scóip chun gníomhú
Cut me some slack here!
Lig díom beagáínín beag!

slacker loiciméir, slúiste, sloitheán
Seán is a slacker!
Is loiciméir é Seán!

slag 1
He's always slagging me.
Déanann sé fonóid fúm i gcónaí.
I was only slagging!
Ní raibh mé ach ag déanamh fonóide.
She was slagging off our band.
Bhí sí ag déanamh ceap magaidh dár mbanna.

slag 2 focal fonóide

slagger
He's an awful slagger!
Is uafásach an fonóideach é!
slaggers

lucht fonóide

slammer
five years in the
slammer
cúig bliana faoi
chacht/i gcarcair

slanging match
having a slanging
match with one
another
bheith ag caitheamh
eascainí lena chéile

slapper rálach, raiteog
She's a right slapper!
Is 'codlaím-le-cách'
ceart í.

slash
I have to have a slash.
Caithfead an féar a
fhliuchadh.

slate 1
He has a slate loose.
Tá boc mearaí air.
to start with a clean
slate
tosú as an nua

slate 2
She slated them in her
article.
Thug sí
feannadóireacht
dóibh ina halt.

slating
They gave her a fierce
slating in the press.
Tugadh feannadh
fíochmhar di sna
nuachtáin.

slaughtered
Our team was
(*totally*) slaughtered.
Rinneadh eirleach
(*iomlán*) ar ár
bhfoireann.

sleaze-ball/-bucket
He's a real sleaze-
ball!
Is slíbhín ceart é!

sleep
She sleeps around.
Codlaíonn sí
timpeall.
I can sleep easy at
night.
Ní bhíonn aon
scrupaill choinsiasa
ormsa.
My foot has gone to
sleep.
Tá grifín i mo chois.

slime-ball
What a slime-ball!
A leithéid de
ramallae!

slog
I was slogging for the exam.
Bhí mé ag fadhbáil don scrúdú.

slogger
He's a slogger.
Is fadhbálaí é.

sloshed
to be sloshed
bheith báite san ól

slug
to take a slug out of a bottle
slog a bhaint as buidéal
to have slug of whiskey
slog den uisce beatha a ól

slut giobóg, leadhb
She's a slut! Is giobóg/leadhb í!

smacker *(big kiss)*
He gave her a smacker.
Thug sé fáiméad di.

smart-alec/-ass cílí
He's such a smart ass!
Síleann seiseann gurb as a thóin féin a thagann an uile eolas saolta!

smash
smash hits of the nineties
scoth den cheol ó na nóchaidí

smashed
He was smashed out of his head.
Bhí sé ar maos leis an ól.

smasher
She's a real smasher!
Is mór an chuid súl í!

smashing
We had smashing holidays!
Bhí laethanta saoire thar barr ar fad againn!
Smashing!
Ar fheabhas!
I had a smashing time in Paris.
Bhí tamall den scoth agam i bPáras.

smoke
There's no smoke without fire!
Áit a mbíonn an toit bíonn an tine!

smooch
They were smooching.

Bhí siad ag
lapaireacht a chéile.
snazzy snasta, spiagaí
  It's a snazzy garden.
  Is snasta an gairdín é!
  snazzy style
  stíl spiagaí
  **That's a snazzy jacket
  you've got there.**
  Is galánta an seaicéad
  atá agat ansin!
sneak snámhaí, slíbhín
snitch 1 *(informer)*
  sceithire
  He's a snitch.
  Is sceithire é.
snitch 2
  **It was a snitch at the
  price!**
  Ba mhór an margadh
  a bhí ann ar a leithéid
  de phraghas!
snog
  **to have a snog with a
  boy**
  dreas suirí a
  dhéanamh le buachaill
snooker
  **If he doesn't turn up
  we're snookered!**
  Mura dtugann sé a
  aghaidh anseo tá ár
  gcnaipe déanta!

snot-rag ceirt shróine
snotty teanntónach
  snotty-nosed person
  smugachán
  snotty reply
  freagra teanntónach
  He's very snotty!
  Bíonn sé go han-
  teanntónach!
  **He was very snotty
  with everyone.**
  Bhí sé go teanntónach
  le cách.
snuff *(die)*
  He snuffed it.
  Smiog sé.
snuff movie scannán
  pornagrafaíoch ina
  maraítear duine i
  ndáiríre
soak
  **I was soaked to the
  skin.**
  Bhí mé fliuch báite go
  craiceann.
sock
  **I socked him one in
  the face.**
  Thug mé greadóg san
  aghaidh dó.
  Sock it to me baby!
  Tabhair dom blas den
  stuif is fearr agat!

sod

> **The poor sod!**
> An créatúr bocht!
> **It's a sod-awful job!**
> Is jab chúl tóna é!
> **We got sod all to eat!**
> Níor tugadh fiú
> oiread na fríde le
> hithe dúinn!

sod

> **Sod off!**
> Déan tochailt i do
> thóin féin!

sodding

> **I don't sodding (well)
> know!**
> Ní fios sa tóin
> domsa!
> **Get that sodding stuff
> out of here!**
> Bain an cacamas sin
> go léir as an áit!

softy

> **Your dad's a real
> softy!**
> Is bogán ceart é do
> dhaid!

some

> **Some hope!**
> Aislingí na súl
> oscailte é sin!
> **That was some party
> at your house last

night!**
> Ba bhreá an
> scoraíocht i do
> theachsa aréir!
> **That's some dick he
> has!**
> A leithéid de bhod
> atá ar luascadh faoi!
> **Some friend you are!**
> Le cairde mar tusa ní
> bheadh namhaid de
> dhíth orm!

something

> **This place is
> something else!**
> Chaithfeá an áit seo a
> fheiceáil!
> **He is something else!**
> Ní fhéadfá a leithéid
> a shamhlú *(dúit féin
> gan é a fheiceáil)*!

son of a bitch

> mac an mhadaidh
> sráide
> **I don't give a fuck
> what that son of a
> bitch says!**
> Is cuma sa toll
> feisithe liomsa cad a
> déarfadh mac a'
> mhadaidh sráide sin!
> **He's a real son of a
> bitch!**

Mac madaidh sráide
go smior é!

son of a gun
How are you
keeping, you old son
of a gun!
Conas atá cúrsaí ag
gabháil leat, a mhic-
ó!

sorry ass tóin tinn *(After*
a feminine, the
adjective should be
'thinn' – the séimhiú
is omitted following
'tóin' because after
the dental 'n', the
word 'tinn' sounds
more correct to the
Gaelic ear.)
Get your sorry ass
over here!
Tabhair anseo do
thóin tinn!
That sorry ass is
going to pay dearly
for what he said!
Íocfaidh an tóin tinn
úd go daor as a
ndúirt sé!

sorted
Everything is sorted!
Tá gach uile rud

curtha i gceart anois!
If I get my money on
Monday I'm sorted!
Má fhaighim mo
chuid airgid ar an
Luan beidh mé ar
muin na muice!

sound
Brian is a sound man!
Is fear fónta é Brian!

soup
in the soup
san fhaopach

sourpuss
He's a awful old
sourpuss!
Is uafásach an
púiceach é!

sozzled
He was absolutely
sozzled.
Bhí sé ar maos ar fad
san ól.

spaced out
to be spaced out
bheith faoi anáil
throm na ndrugaí
He was spaced out on
cocaine at the party.
Bhí sé i dtámhshuan
cócaoin agus é ag an
chóisir.

spa glincín, geosadán,

craiceálaí *(The abbreviation of 'spastic' in Gaelic is: 'spasmach'. However, people with physical disabilities, except for some rare exceptions, are considered to be set apart by God – hence such words are rarely used as insults)*
He's a spa!
Is glincín é!

spare
What a spare!
A leithéid de ghliogaire!
She drove me spare.
Chúir sí thar bharr mo chéille mé.

spastic spasmach
(see: spa)

speed
Are you up to speed with the latest in the fashion world?
'Bhfuil tú suas chun dáta le cúrsaí i ndomhan an fhaisin na laethanta seo?

spew
He spewed his guts out!

Chuir sé amach a raibh ina bholg aige.

spick and span
He was spick and span.
Bhí sé pioctha bearrtha.

spike
He spiked her drink.
Thug sé cógas suain ina deoch di.

spill
to spill the beans
an rún a sceitheadh
He spilled his guts on the floor.
Sceith sé ar an urlár.

spit
Spit it out!
Abair amach é!

splash
to splash out on a party
airgead mór a stealladh amach ar chóisir
She made a big splash in New York.
Ní raibh i ngob na daoine ach í féin i Nua Eabhrach.
He was splashing money about.

Bhí sé ag sluaisteáil
airgid amach ar gach
uile shórt.

split
> **I split my sides
> laughing.**
> Bhí mé lúbtha ag an
> gháire.
> **Let's split!**
> Bainimis as!

spondulicks *(money)*
> *(from Gaelic: **sponc** +
> **diúlaigh.** The idea
> being that producing
> sperm is like making
> money.)*
> **Have you got the
> spondulicks?**
> An mbeadh na
> spondiúlaigh agat?

sponger súmaire

spooky taibhsiúil
> **It's very spooky there
> at night.**
> Bíonn sé go taibhsiúil
> ann san oíche.

spoon feed
> **to spoon feed him the
> answers**
> freagraí
> réamhdhéanta a
> thabhairt ar mhias dó
> **He spoon feeds his**

pupils.
Déanann sé
peataireacht ar a
chuid daltaí.

spot on
> **Your answer was spot
> on!**
> Leag tú do mhéar go
> díreach air i do
> fhreagra!
> **Spot on!**
> Go díreach mar atá!

spout
> **He's always spouting
> on about religion.**
> Bíonn sé i gcónaí ina
> chaise shíoraí faoin
> reiligiún.

spring
> **He's no spring
> chicken.**
> Tá na géaráin *(canine
> teeth)* curtha go
> maith aige.

spud práta

square
> **Be there or be square!**
> Bí ann nó bí gann!

squeal
> **to squeal on a person**
> sceitheadh ar dhuine

squealer sceithire

squeeze
    to put the squeeze on
    him
    brú a chur air
squirt
    He's a little squirt.
    Is boicín é!
starkers lomnocht
stash
    The thieves hid their
    stash under the floor.
    Chuir na gadaithe a
    gcreach i bhfolach
    faoin urlár.
steamy anghrách
    It was a steamy tale
    of passion.
    B'anghrách paiseanta
    an scéal é.
stick 1
    I got a lot of stick
    because of that.
    Fuaireas mo chionsa
    den tslat dá dheasca
    sin.
stick 2
    I can't stick him.
    Ní thig liom broic
    leis.
    You know where you
    can stick your
    money!
    Is eol duit cár féidir

leat do chuid airgid a
shacadh!
I can't stick the heat.
Ní féidir liom an teas
a sheasamh.
If he could only stick
at the work.
Dá bhféadfadh sé gan
loiceadh roimh an
obair.
stickler
    He's a stickler for
    good manners.
    Ní fhulaingíonn sé
    drochbhéasa i nduine
    ar bith.
sticky
    He has sticky fingers.
    Bíonn sé go
    luathméarach.
    I had a sticky ten
    minutes.
    Chaith mé deich
    nóiméad idir an dá
    thine Bhealtaine.
    He came to a sticky
    end.
    Ba bhocht cruálach
    an chríoch a bhí leis-
    sean.
stiff
    What will we do with
    the stiff, Boss?

Cad a dhéanfaimid
leis an gcorpán, a
shaoiste?

stiffy

**I get a stiffy whenever
I see her.**
Bíonn adharc crua
orm uair ar bith a
bhfeicim í.

**He's a bit of a stiffy
at parties.**
Is duarcán é ag cóisir
ar bith.

stink

**to kick up an awful
stink**
racán uafásach
thógáil

stinker bréantachán

What a stinker!
A leithéid de
bhréantachán!

**to write a stinker of a
letter**
litir scallta a scríobh

stinking

She is stinking rich.
Tá sí lofa le hairgead.

**It was a stinking
thing to do.**
Ba shuarach an cleas
é!

stitches 1

I was in stitches.
Bhí mé lúbtha ag an
gháire., Is beag nár
thit an t-anam asam
leis an gháire., Bhí mé
in arraingeacha ag
gáire.

stitch 2

He was stitched up.
Cuireadh coir ina
leith go héagórach.

stomach

I can't stomach it.
Níl sé de ghoile
ionam lena leithéid.

stoned

He was stoned.
Bhí sé ar thuras.

stony-broke

I'm stony-broke.
Níl cianóg rua agam.

stooge sceilpín

I'm nobody's stooge!
Ní maidrín lathaí ag
fear ar bith mé!

straight díreach

**Is he straight or is he
gay?**
An bhfuil suim aige
sna cailíní nó an
bhfuil sé go haerach?

to keep on the

straight and narrow
fanacht amach ón ól
**He went straight after
leaving prison.**
Chuir sé uaidh a
bhealaí coiriúla nuair
a ligeadh amach as
príosún é.
Straight up?
Gan aon mhagadh?

strapped
**I'm a bit strapped for
cash lately.**
Bím ar phócaí folmha
le tamall beag anuas.

street
**to be walking the
streets**
bheith ag siúl na
sráideanna
**This work would be
right up your street!**
Seo an saghas oibre
atá déanta duit!

sreetwalker sráidí
She is a streetwalker.
Is sráidí í.

streetwise
sráidtuisceanach

strength
Give me strength!
Nár bhrise an
fhoighne ormsa!

stroppy cantalach
**She got very stroppy
with everyone.**
D'éirigh sí an-
chantalach le cách.

stuck
**I want to get stuck
into a good book.**
Teastaíonn uaim mé
féin a bhá go hiomlán
i leabhar maith.
(invitation to eat) **Get
stuck in!**
Déan do ghoile!

stuck-up
He's very stuck-up!
Is mór an
smuilceachán é!
stuck-up brat
smuigín
Don't be so stuck-up!
Ná déan smugachán
díot féin!
**They're very stuck-
up.**
Pór Chlanna Míle
iad, más fíor dóibh
féin é!

stud stunaire, balcaire
teann
Isn't he a real stud.
Nach breá an
stunaire é.

stuff 1

He's made of the
right stuff.

Tá sé déanta den stuif
ceart.

That's the stuff!

Sin é!, Sin mar ba
chóir!

stuff 2

Get stuffed!

Breast thú!

She was stuffing her
face.

Bhí sí ag dingeadh bia
inti féin.

You can stuff your
job!

Is féidir do jab a chur
i do phíopa!

stumped

I was stumped.

Rinneadh crúnca
díom.

stung

I got stung.

Buaileadh bob orm.

stunner

She's a stunner!

Is aisling í!

suck 1

He's a suck!

Is maidrín lathaí é.

suck 2

He was sucking up to
the teacher.

Bhí sé ag líreac ar an
mhúinteoir.

It sucks!

Bréanlach é!

This place sucks!

Is poll bréan é an áit
seo!

sucker

He's a sucker!

Is plab é

He's a sucker for
punishment.

Ní luíonn aon bhuille
air.

sugar-daddy

She has a sugar-
daddy.

Tá seanleaid saibhir
seirce aici.

suss

I'd like to suss out the
situation first.

Ba mhaith liom an
talamh a bhrath
roimh ré.

You've been sussed!

Fuarthas glan amach
thú!

I haven't got it sussed
yet.

Ní thuigim dubh, bán

nó riabhach fós é.

swanky galánta
swanky talk
caint ghalánta
**That's a swanky new
coat you've got there!**
Is galánta an cóta atá
agat ansin!

sweetie-pie
**How are you
keeping, sweetie-pie?**
Cén chaoi a bhfuil tú,
a mhuirnín dílis mo
chroí?

swine muclach
filthy swine
muclach salach
**You're nothing but a
swine!**
Níl ionatsa ach
muclach gan
múineadh!

swipe 1 buille
**That was a swipe at
me.**
Chugamsa a bhí sin!

swipe 2
Who swiped my pen?
Cé a sciob mo
pheann orm?

swot 1 tiarálaí
He's a swot.
Is tiarálaí é.

swot 2 tiaráil
**He's swotting up for
the exams.**
Bíonn sé ag tiaráil os
cionn na leabhar i
gcomhair na
scrúduithe.

T

ta
Ta!
Gura míle!

tab
**She's keeping tabs on
him.**
Bíonn sí san airdeall
air.

table
**She could drink you
under the table!**
D'fhéadfadh sí tusa a
ól faoin bhord!
**Now that the tables
are turned!**
(BÁC) Anois ó tá an
bhróg ar an chos eile!
**She turned the tables
on him.**
Thug sí cor in

aghaidh an chaim dó.
**He laid his cards on
the table.**
Chuir sé an t-iomlán
amach ar a bhois.

tad

It's a tad cold today.
Tá sé pas beag fuar
inniu.
He's a tad too old.
Tá sé ábhairín beag
ró-aosta.

take

He was on the take.
Bhí sé ag cnuasacht
saibhris dó féin., Bhí
lámh leis sa scipéad.

take-off

**He did a exact take-
off of the headmaster.**
Rinne sé aithris
chruinn ar an
ardmháistir.

take out

They took him out.
Chuir siad cos i bpoll
leis., Rinne siad fód
fuar de.

tale

old wives' tale
comhrá cailleach
to tell tales
scéalta a iompar

talent

**He was checking out
the local talent.**
Bhí sé ag déanamh
amach cérbh iad na
cailíní fiúntacha sa
cheantar ina raibh
sé., *(BÁC)* Bhí sé ag
seiceáil na scirtíní.

talk 1

Talk about luck!
Ní ádh go dtí é!
He likes to talk big.
Bíonn an focal mór
ina bhéal i gcónaí
aige.
Now you're talking!
Anois tá tú ag caint!
You can't talk!
An pota ag aor ar an
gciteal!

talk 2

He's all talk!
Níl aige ach an focal
mór!
It's only talk!
Níl ann ach caint!

tank

He's built like a tank.
Is cliobaire é.

tap

tap of work
oiread na fríde den

obair
**He didn't do a tap
while he was here.**
Ní dhearna sé fiú
oiread na fríde nuair
a bhí sé anseo.
tart 1 raiteog
She's a bit of a tart.
Bíonn iarracht bheag
de Bhrídín na sráide
(poiblí) inti.
tart 2
**She likes to tart
herself up.**
Is breá léi í féin a
phointeáil suas mar
raiteog.
tarty
tarty behaviour
iompar raiteoige
teeth
**I'm sick to the teeth
of it.**
Tá lán mo dhá chluas
cloiste agam de.
armed to the teeth
armáilte go dtí na
cluasa
**She fought it tooth
and nail.**
Throid sí ina aghaidh
lena raibh ina corp.
tell-tale 1 scéalaí

tell-tale 2
tell-tale signs
comharthaí inléite
there
There, there now!
Seo anois! Ná bí do
do chrá!
There you have it!
Sin agat é!
**Been there, done that,
bought the T-shirt!**
Bhíos ansin, rinneas a
rinn', is an T-léine
ceannaí' agam ó shin!
thick 1
to be in the thick of it
bheith i gceartlár na
bruíne
**He stood by her
through thick and
thin.**
Sheas sé léi mín agus
garbh., D'fhan sé léi
trí uisce, thine agus
cháth.
thick 2
That's a bit thick!
Tá sin ag dul thar fóir!
to lay it on thick
áibhéal a dhéanamh
**to be as thick as
thieves**
bheith ag ithe as béal

a chéile.
**Can't you get it into
your thick skull yet!**
Nach féidir leat fós
an oiread beag sin a
thuiscint le do
chloigeann adhmaid!

thing
(dislikes) **He has a
thing about that!**
Sin an áit a
ngoilleann an bhróg
air.
(likes) **She has a thing
about black men.**
Bíonn dáimh aici le
fear gorm ar bith.
**He's got this real
thing about people
lying to him!**
Ní lú air ná an sioc
daoine a insíonn
bréaga dó.

thingamy-bob Mac Uí
Rudaí, Tadhg O
Rodaí
**I was talking to Mr
thingamy-bob.**
Bhí mé ag caint le
Mac Uí Rudaí.

thingamy-jig, thingy
**What's that
thingamy-jig over**

there?
Cad é an rud sin eile
thall ansin?

third degree
**I don't want to get
the third degree every
time I'm five minutes
late!**
Ní theastaíonn '*ardú
claímh is creachadh
crua*' uaim gach uile
uair a bhím cúig
nóiméad déanach!
**We were given the
third degree.**
Tugadh léasadh
teanga dúinn.

thrashing
**We were given a
thrashing at last
Saturday's game.**
Tugadh leadradh
dúinne ag an gcluiche
Dé Sathairn seo caite.
**We gave them a
thrashing.**
Thug muid leadradh
dóibh.

throat
**They were always at
each other's throats.**
Bhídís i gcónaí le
greim scoraí acu ar a

chéile.

cutting your own throat
ag milleadh fút féin

throw
It made me want to throw up.
Chuir sé fonn urlacain orm.

throw-away
throw-away remark
seachfhocal, focal gan aird

tick 1
Hang on a tick!
Fan soic!
I'll be there in two ticks.
Beidh mé ann i gceann leathnóiméid.

tick 2
He ticked me off for being late with the work.
Thug sé fios mo bhéasa dom ó bhíos déanach leis an obair.

ticker
The old ticker is bit dodgy.
Is ar éigean a bhíonn an sean-chlog i mo chliabh ag bualadh.

ticket
That's the ticket!
Sin é an stuif ceart!
She's a real ticket!
Nach mór an spórt í!

tight-arsed
Don't be so tight-arsed!
Ná bí chomh teanntónach sin!

tight-fisted greamastúil
He's as tight-fisted as they come.
Tá airgead a chéad chomaoine aige fós!

time
He did time.
Chaith sé tamall faoi ghlas., Chaith sé seal gan cead a chos *(ná cead a chinn)* aige.

tinkle
Give us a tinkle!
Tabhair scairt *(teileafóin)* dom!

tipsy súgach
He was a little tipsy.
Bhí an braoinín istigh aige.

tit cíoch
She has a nice pair of tits!
Is breá iad na cíocha

atá uirthi!
He gets on my tits!
Baineann sé fiuchadh
(feirge) asam.
titty cíchín
toast
I'm as warm as toast.
Tá mé go te teolaí.
to die for
It was a dress to die for!
Dhíolfá d'anam ar son a leithéid de ghúna!
toffee
She can't sing for toffee!
Níl nóta ina ceann!
He can't ride for toffee.
Ní fhéadfadh sé marcaíocht a dhéanamh chun a anam féin a shábháil.
toffee-nosed
He's very toffee-nosed.
Bíonn geanc air i gcónaí., Bíonn sé de shíor ag breathnú anuas ar dhaoine eile.
together
Try to get it together!
Déan iarracht guaim

a choinneáil ort féin.
He can't get it together!
Níl sé incurtha leis.
Tom, Dick and Harry
I don't want every Tom, Dick and Harry prancing across my garden!
Ní theastaíonn uaim go mbeadh gach uile dhailtín ag pramsáil trasna mo ghairdín!
She sleeps with every Tom, Dick and Harry.
Codlaíonn sí le gach mac máthar Dé.
tool 1 *(penis)* feac, sleá, bod *(see also: **prick**)*
tool 2
Would you stop tooling about!
Ar mhiste do chuid faeiléireachta a chur uait!
tops
$90 tops!
Costas de nócha dollar ar a mhéad!
topsy-turvy
Every thing was topsy-turvy.

Bhí gach uile shórt
ina chíor thuathail.

tosh

That's a load of tosh!
Níl ansin ach brilléis!

toss

**She saw him tossing
off.**
Chonaic sí é i mbun
lámhadóireachta/ag
caitheamh síl.

toss 1

I don't give a toss.
Is cuma sa diabhal
liom!
Who gives a toss?!
Nach cuma don
diabhal é?!

tosser fidléir boid,
boidfhidléir

**He's an absolute
tosser.**
Is féintruaillitheoir
caillte é!
What a tosser!
A leithéid d'fhidléir
boid!

toss-pot fidléir boid

touch

**Her dad is a soft
touch.**
Is bogchroíoch ar fad
a hathair maidir le

hairgead póca.

touched

He's touched.
Is duine le Dia é.

tough

He's a tough cookie.
Is doscúch an mac é.
A tough guy, eh?
Fear crua, an ea?

toyboy

He's her toyboy.
Tá seisean ina
áilleagáin suirí aici.

tracks

**It's time to make
tracks home.**
Ta sé in am dúinn
greadadh linn
abhaile.

tramp sraoill

She is a tramp.
Is sraoill í.

trap

Shut your trap!
Dún do ghob!
**It's about time you
learned to keep your
trap shut.**
Is mithid duit
foghlaim conas
cosc/srian a chur le
do theanga!

trash 1
    The new film is trash!
    Is dramhaíl é an
    scannán nua!
    She writes trash.
    Scríobhann sí brilléis
    (bhaoth).
    white trash
    an ghrifisc bhán
trash 2
    **We were totally
    trashed.**
    Rinneadh cosamar ar
    fad dínn.
trashy
    trashy magazines
    irisí truaillí
tree
    **He was out of his
    tree.**
    Bhí sé gan chos faoi
    ag an ól.
trendy
    **It's a very trendy
    thing to do.**
    Is é an rud a
    dhéanann gach duine
    faiseanta inniu.
tricks
    How are tricks?
    Cén scéal é?
    the tricks of the trade
    ealaín na ceirde

    **He knows a trick or
    two.**
    Bíonn cleas nó dhó ar
    eolas aige siúd.
    She turns tricks.
    Is i mbun an
    mheirdreachais a
    bhíonn sise.
trip 1
    He's tripping.
    Tá sé ar thuras.
trip 2
    He's on an ego trip.
    Ar a shon féin atá sé.
    **She's always on a
    guilt trip.**
    Bíonn sí cráite de
    shíor ag mothúcháin
    a ciontachta féin.
    **He went on a power
    trip.**
    Rinne an chumhacht
    gal soip ina cheann.,
    D'ardaigh an
    chumhacht san intinn
    é.
trolley
    He's off his trolley.
    Tá sé ardaithe san
    intinn.
trots
    I had the trots all day.
    Bhíos ag rith chun an

leithris an lá ar fad.

try 1

**He was trying it on
with me.**

Bhí sé ag iarraidh
dallamullóg a chur
orm.

try 2

Nice try!

Is beag nár éirigh
leat!

tubes

**That was $70 down
the tubes!**

B'in seachtó dollar
caite le haill!

turd cac

turf 1

**I don't know that
turf.**

Níl an fód sin ar
m'aithne agam.

turf 2

He was turfed out.

Cartadh amach é.

turkey

Let's talk turkey!

Cuirimis uainn an
mhionchaint!

Who is that turkey?

Cé hé an gailléan sin?

to do cold turkey

turcaí fuar a

dhéanamh

turn-off

**I find the bad
language a real turn-
off.**

Cuireann an droch-
chaint as go mór
dom.

turn-on

**I find women in wet
T-shirts a real turn-
on.**

Bím meallta go mór
ag mná in T-léinte
fliucha.

twat

He's such a twat!

Nach mór an gamal
é!

twerp *(small)* dailtín

He's a little twerp!

Dailtín é!

twist

**He'd drive you round
the twist.**

Chuirfeadh sé i
dteach na ngealt thú!,
Chaillfeá do chiall
leis!

**She went round the
twist.**

Ardaíodh an intinn
uirthi.

OK! Don't get your knickers in a twist!
Ceart go leor! Ná bain do léine díot!

twit galldúda
Would you stop being a twit!
Nach bhféadfá do chuid galldúdaíochta a chur uait!

two-timer
He's a two-timer.
Is Tadhg an dá ghrá é.

tyke graoisín

U

umpteen
I've told you umpteen times!
Nach iomaí uair a dúirt mé leat é!

uncool
It was a really uncool thing to do!
Ba bheart baoth é a leithéid a dhéanamh.

unreal
Unreal! Where did you hear that?

Ní féidir! Cár chuala tú é sin?
That's so unreal!
Ní chreidfeá riamh é!
This place is unreal!
Chaithfeá an áit seo a fheiceáil!

up
What's up?
Cad tá ar siúl? Cad tá ar bun?
What's up with him?
Cad tá cearr leis-sean? Cad tá air?
We're going clubbing. Are you up for it?
Táimid ag dul ag clubáil. Cad a deir tú féin?
He doesn't have very much up top.
Níl mórán idir na cluasa aige siúd.
Up yours!
Feisigh do thóin féin!

uppers
He's on his uppers.
Tá sé sna miotáin.

upstairs
He hasn't much upstairs.
(BÁC) Ní bhíonn mórán thuas staighre

aige.
**to kick a person
upstairs**
duine a ardú i gcéim
chun an chumhacht
atá aige a bhaint de
uptight rite, teannasach
**What's he so uptight
about?**
Cad tá ag déanamh
tinnis dósan?
**She has got so
uptight.**
Tá an riteacht dulta
chun ainchinn ar fad
inti.
user
Is he a (drug) user?
An úsáideoir drugaí
é?
usual
(drink) **Your usual,
sir?**
Mar is gnách, a
dhuine uasail?

V

Vamoose! Gread!
veggie veigeatóir
vibes

**I'm getting some
good vibes from him.**
Mothaím *(na)* dea-
chomharthaí ag
teacht uaidh.
**This place gives me
strange vibes.**
Cuireann an áit seo
anáil aisteach fúm.
-ville
**Welcome to oldfolks-
ville!**
Fáilte romhat go baile
na bpinsinéirí!
**Now we're entering
Yanky-ville!**
Agus seo romhainn
Baile na bPoncán!

W

wacko
He's a wacko!
Is rámhailleach é
wacky
**He does some wacky
things at times!**
Is rámhailleach na
rudaí a dhéanann sé
ar uaire.

She mentioned some wacky idea about marrying him.
Bhí rámhaille a phósta á lua aici.

wagon
(off drink) **He's on the wagon.**
Níl sé ag baint dó.
She's a real wagon!
Is báirseach cheart í!

walk 1
Take a walk!
Tóg ort!
It was a walk in the park!
Ba shiúlóid sa pháirc é!

walk 2
She walked it.
Níor chuir sé stró ar bith uirthi.

wall
He always had off-the-wall ideas about politics.
Bhí sé riamh corr maidir le cúrsaí polaitíochta.
He's an off-the-wall kind of guy.
Is éan corr é.
She drives him up the wall!

(BÁC) Tiomáineann sí suas an balla é!, Cuireann sí dubh mire air, Cuireann sí thairis féin é.

wallop
She gave him a wallop.
Thug sí paltóg dó.
He came down with a wallop.
Thit sé ina phleist.

wally gám, gogaille
What a wally!
A leithéid de ghám!

wank
He was wanking in the toilet.
Bhí sé ag bualadh feola sa leithreas.
to wank a person off
faoiseamh do láimhe a thabhairt do dhuine

wanker buailteoir feola, fidléir boid, boidfhidléir, féintruaillitheoir
He's a wanker!
Is féintruaillitheoir é!
Don't be such a wanker!
Ná bí i do bhod bacach!

wannabe
  She is a Madonna wannabe.
  Ní bhíonn uaithi ach Madonna eile a dhéanamh di féin.

war-paint
  She put her war-paint on.
  Bhí sí pioctha gléasta ó sháil go rinn.

war-path
  He's on the war-path today.
  Tá sé ar thóir troda inniu.

washed-up caite i gcártaí
  She's all washed-up now.
  Tá sí caite i gcártaí anois.

wash-out
  The play was a wash-out.
  Bhí an dráma go léir ina dhomlas.

waste *(kill)*
  They wasted him.
  Chuir siad luí na bhfód air.

waster leiciméir
  He's a waster!
  Is cladhaire díomhaoin é!

watering hole *(pub)*
  Where is the local watering hole here?
  Cá bhfuil an tobar dí áitiúil anseo?

way
  Are you coming? – No way!
  'Bhfuilir ag teacht? – Baol orm!
  No way, José!
  Baol orm, bán nó gorm!
  They went all the way.
  Thug siad an beart chun críche.
  Way to go!
  Thar barr ar fad!

way(-)out
  It was a way-out proposal.
  Ba thairiscint thar cailc é.
  Way out!
  Togha!

wee 1
  I need to go for a wee.
  Caithfidh mé ligean díom/cnaipe a

scaoileadh.

wee 2
Would you like a wee drink?
Ar mhaith leat fídeog a ól?

weed geosadán
He's a little weed.
Is geosadán bídeach é!

weenie
I was a weenie bit scared.
Bhí buille beag den scanradh orm.

weirdo éan corr
He's a weirdo.
Is aisteach an mac é.

well-hung
He's well-hung.
Tá treallamh capaill faoi.

wet
He's a wet blanket.
Is duarcán é.

whack
I'll have a whack at it.
Féachfaidh mé leis.,
Bainfidh mé triail as.

whacked
I'm whacked!
Níl smeach fágtha ionam!

whatever *(Let's not argue!)*
Whatever! I'll see you at ten.
Cibé ar bith! Feicfead ar a deich thú.

what for
She really gave him what for!
Thug sí léasadh maith dá teanga dó.

what's-her/his-face
I saw what's-her-face kissing Liam.
Chonaic mé í siúd féin eile ag pógadh Liam.

whistle-blower
Fear/bean séidte feach óige
She was the whistle-blower.
Ba ise a chuir fios ar na húdaráis chuí.

whizz-(kid)
He's a whizz at computers.
Maidir le ríomhairí is draíodóir é.

whopper cránaí
He told me a whopper of a lie.
D'inis sé cránaí bréige dom.

whopper of a trout
cránaí bric
I got a whopper this time.
Fuair mé cránaí an uair seo.
whore 1 striapach
whore 2
She whores about at night.
Bíonn sí i mbun an striapachais istoíche.
whorehouse drúthlann
to work in a whorehouse
bheith ag obair i ndrúthlann
wick
He gets on my wick.
Feidhmíonn sé ar mo néaróga.
wicked thar insint scéil
wild
She went wild about the new furniture.
Bhí fuadach faoina croí mar gheall ar an troscán nua.
I wouldn't go wild about it!
Ní scríobhfainn litir abhaile faoi!
Wild horses wouldn't

drag it out of me!
Dá mbrisfí coill orm ní sceithfinn é!
willies
It gives me the willies.
Cuireann sé codladh grífín ó bhaitheas go bonn orm.
willy *(penis)* fichillín, gasán, Seán Tomáis
wimp somóg
Don't be a wimp!
Ná bí i do shomóg!
windbag gaothaire, scaothaire
wind
Don't mind him! He's only winding you up.
Ná bac leis siúd, níl sé ach do do spocadh.
wind-up
This is a wind-up, right?
Is cleas magaidh é seo, nach ea?
wino
He became a wino.
D'éirigh sé ina phótaire.
wipe
to wipe out a person
duine a chur i mbosca

cláir, duine a mharú
**to wipe out the
opposition**
an freasúra a chur
ar lár

wise up
It's time to wise up
a little!
Is mithid teacht ar
bheagán céille!

wise-guy
Who's the wise-guy?!
Cé hé an fear glic?!

wobbly
He'll throw a wobbly
when he finds out.
Beidh sé thar bharr a
chéille nuair a
gheobhaidh sé amach
faoi seo.

wog gormán, gormadán

work 1
They worked him
over.
Thug siad greasáil dó.

works 2
You can take
everything – the
works!
Is féidir leat gach rud
a thógáil – na
mangaisíní go léir!

worm péist

He is a worm.
Is péist é.

Wow(ee)! A thig ná tit
orm!

wrap
It's time for us to
wrap up!
Is mithid dúinn cúrsaí
a thabhairt chun
críche!

wuss *(sissy)* cábún;
(waster) cladhaire
He's a wuss!
Is cábún é!

X

X-rated
It was an X-rated
movie.
Ba scannán le
deimhniú X é.

Y

yack
Yack, yack, yack all
the time!
Geab, geab, geab an

t-am ar fad!
Yank Poncán
  He's a Yank.
  Is Poncán é.
yapping
  **I'm sick and tired of
  the constant yapping!**
  Táim bréan dóite den
  gheabaireacht
  shíoraí!
yawn
  It's a yawn.
  Níl ann ach cúis
  mhéanfaí.
yellow
  **He has a yellow
  streak.**
  Tá an chré bhuí ann.
yellow-belly
  He's a yellow-belly!
  Is cladhaire
  búidíneach é!
yob staigín
yobo staigín, staincín,
yonks

**I haven't seen you for
yonks!**
Ní fhaca mé thú leis
na cianta!

Z

zero
  **He has zero chance of
  winning.**
  Níl seans dá laghad
  aige buachan.
  She has zero charm.
  Ní bhíonn tarraingt
  ar bith ag baint léi
  siúd.
zero-tolerance
  **I have zero-tolerance
  for weeds in my
  garden.**
  Ní ligfinn riamh do
  chogal ar bith lonnú
  isteach i mo
  ghairdínse.